流通システムと
サプライチェーン・マネジメント

〔第2版〕

遠藤 雄一 著

同文舘出版

はじめに

　初版の「はじめに」で，情報機器とインターネットの普及が進み，企業において業務の手続きや手段が大きく変わったことを書いた．

　初版出版後，新型コロナウィルスが蔓延し，「非接触・非対面」という行動様式が望ましいとされ，飲食店などでタブレットによるセルフオーダーシステムやセルフレジが登場した．また，学校ではオンライン授業，職場ではテレワークも行われた．昨今，身近で感じられた情報技術の浸透である．

　新型コロナウィルスの感染拡大は，皮肉にも情報技術の浸透を示唆するものとなった．このような社会の変化は，新しい技術の登場によって，生起したわけではない．すでに存在していた技術である．技術の普及にはニーズがなければ，優れた技術であっても浸透しないものである．素晴らしい技術が登場すると，すぐにでも普及すると考えがちであるが，そうではない．ビジネスとして考えるならば，隠れたニーズやどのような顧客価値を生むのかを見つけ出す必要がある．本書のサプライチェーン・マネジメントも，その延長で普及が進んできた．

　さて，本書は第2版を迎えた．いくつかの変更を行ったが，最も大きな変更は昨今の技術動向の部分である．近年，ICタグが普及している．多くの人たちに身近なものは交通系ICカードや電子マネーだろうか．経済産業省も，21世紀に入る頃からICタグの活用に関心を持ち，流通において，その活用を促進する政策を推し進めている．

　流通については，物流と呼ばれた時代から，ロジスティクス，サプライチェーン・マネジメント（SCM）へと変化してきた．もちろん，名称だけが変更されたわけではなく，考え方や捉える範囲が変化したためである．今日では，情報技術の発展により，情報技術を経営戦略やマーケティング戦略に組み込んでいる．流通においても同様である．

　一般にSCMを耳にすると情報技術をイメージするようである．しかし，

SCMとは流通全体の最適化を図ることを目的にするものである。よって，流通システムの知識は必須である。そのため，本書では流通システムについても紙面の多くを割いた。SCMを学ぶ目的で本書を手にした人たちも，まずは流通システムから学んでもらいたい。

第1部では流通システムを説明する。モノやサービスが生産された後の消費者に届くまでの仕組みや流通システムの考え方がどのように変遷してきたかを説明する。

第2部ではSCMについて説明する。購買の動向を素早くメーカーに伝達することが，過剰生産や過剰仕入，そして品切れ防止に役立つといわれている。そのためには企業間のパートナリングが必要になる。SCMを導入するときの課題について説明する。

最後に，恩師である黒田重雄先生（北海道大学名誉教授），大月博司先生（早稲田大学名誉教授）には，長年にわたりご指導をいただいてきた。また，同文舘出版の青柳裕之氏には本書の出版を快諾いただくとともに，細心の配慮と的確な校正作業をしていただいた。この場を借りて，心より感謝の意を表したい。

2025年1月10日

遠藤　雄一

目　次

はじめに　i

第1部　流通システム

第1章　流通とは

1　流通　4
2　マーケティング・チャネルとは　8
3　多段階の流通　9
4　流通と消費のギャップ　12
5　流通システム　14

第2章　流通業者とは

1　流通業者　18
　〈1〉商業者　20
　〈2〉物流業者　25
2　流通業者の役割　27
　〈1〉小売業者の役割　27
　〈2〉卸売業者の役割　29
3　マーケティング・チャネル　32
　〈1〉マーケティング・チャネルの重要性　32
　〈2〉マーケティング・チャネルの選択　33

第3章 物的流通・商的流通・情報流通

1 流通の機能 ……………………………………… 38
2 流通におけるパラダイムの変化 ……………… 41
   〈1〉大量物流の時期　41
   〈2〉多頻度物流の時期　43
3 物流・ロジスティクス・SCM ………………… 47

第4章 問屋物流・共配物流・一括物流

1 問屋物流 ………………………………………… 55
2 共配物流 ………………………………………… 56
3 一括物流 ………………………………………… 57
4 共配物流・一括物流による出店計画 ………… 59
5 卸・物流センターと食品流通 ………………… 61
6 延期と投機 ……………………………………… 63
7 取引コストと取引の内部組織化 ……………… 66

第5章 マーケティング・チャネル

1 マーケティング・チャネルの組織形態 ……… 70
2 協働のための
   垂直的マーケティング・システム …………… 72
   ① 企業型システム　72
   ② 契約型システム　72
   ③ 管理型システム　72

第2部 サプライチェーン・マネジメント

第6章 企業を取り巻く環境の変化

1 サプライチェーン・マネジメント（SCM）とは — 78
2 国内における SCM 普及の背景 — 79
3 企業の課題 — 83
4 消費者の関心とマーケティング — 84
5 顧客と取引先との関係性 — 85
6 リレーションシップ・マーケティング — 87

第7章 顧客との関係性

1 CRM への期待 — 90
2 これまでの顧客志向 — 91
3 CRM における顧客関係性の概念 — 93
4 実社会の CRM の発展過程 — 94
5 顧客分析 — 96
　〈1〉優良顧客の選定　96
　〈2〉顧客ロイヤルティと満足度　99
　〈3〉ライフスタイルによる顧客分類　103
　〈4〉実社会での CRM の広がり　105

第8章 企業間の関係と
サプライチェーン・マネジメント

1 SCMの理解 ―――― 110
2 マーケティング・チャネルの変化 ―――― 112
 〈1〉流通とは 112
 〈2〉マーケティング・チャネルの理解 114
 〈3〉製販一体の良好な関係構築へ 115
 〈4〉情報のパワー資源から見たDELLの事例 117
3 物流からロジスティクス，
 そしてSCMへ ―――― 119
 〈1〉物流からロジスティクスへ 119
 〈2〉ロジスティクス・マネジメントとは 120
 〈3〉サプライチェーン・マネジメントとは 122

第9章 SCMの背景

1 SCMのはじまり ―――― 126
2 小売業における流通管理の発展過程 ―――― 127
 〈1〉バーコードの普及 127
 〈2〉米国小売業におけるQRの普及 127
3 SCMの事例 ―――― 129
 〈1〉小売業のSCM－ウォルマートの事例－ 129
  ① ウォルマートの紹介 129
  ② ウォルマートの情報流通 131
  ③ ウォルマートのSCM 133
  ④ リテール・リンクによる
   自動発注・自動補充システム 135
  ⑤ 他小売業者の取り組み 138

〈2〉製造業の SCM －トヨタ自動車の事例－　140
　　① 製造業における生産性の向上と効率化　140
　　② トヨタ生産方式　142
　　③ トヨタ生産方式と従来の生産方式の違い　144

4　B2B, 企業間 e マーケットプレイス, SCM　147

第10章　SCM の規格

1　EDI の背景　152
2　流通 EDI の現状　153
3　今後, 期待される電子 (IC) タグ　157

索　引　163

流通システムと
サプライチェーン・マネジメント
(第 2 版)

第1部

流通システム

第1章

流通とは

1 流通

　流通とは，生産者を起点とし，消費者を終点とする社会的・経済的な製品の移転のことである。今日では社会全体でサービス化が進んでおり，サービスの移転も流通に含まれると考えてもよいだろう。

　生産過程の流通を身近な豆腐を例に考えてみる。生産農家で収穫された大豆を農協（系統流通という）などの集荷業者に渡し，それらをとおして入札取引が行われる。系統流通は国内産大豆市場の90%以上を占めている。地場の豆腐や納豆などの生産業者であれば，地場の集荷団体（農協以外の農産物卸売事業者（商系流通という））をとおして大豆を購入する場合もある。また海外から輸入する大豆も似たような過程を経る。日本に輸入される海外産の大豆では，米国産が最も多いが，米国にも集荷団体があり，その集荷団体から商社を経由して輸入される。

　図表1-1からも，豆腐生産者に大豆が届くだけでも多くの段階を経ていることがわかる。

　豆腐生産業者から店舗までの流通を述べる。豆腐生産業者は大豆を加工して豆腐を作る。豆腐を入れる容器は，それを生産する事業者から購入する。容器を生産する事業者は容器で使用される原材料を他の事業者から購入する。豆腐が生産され，パックされた豆腐は卸売業者を経由するか，直接小売業者に売り渡されることになる。卸売業者に渡った豆腐は，卸売業者から小売業者に渡される。生活の中にあるモノはさまざまな企業の集合体としての活動の結果であり，その結果として，私たちは商品を店舗で目にしている。私たちが店舗で目にする商品は，その生産・流通に携わる多くの企業の努力の結果である。よって，もしこれらの生産・流通に携わる企業の中のいずれか1社が活動停止，あるいは不具合が起きると，私たちのところに商品が円滑に届かないことになる。このように考えると，スー

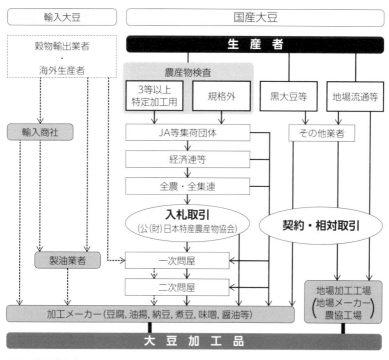

《図表1-1　大豆の流通》

出所：農林水産省より

パーなどに何気なく並んでいる商品が数多くの企業とそれに携わる多くの人の努力によって，私たちの手元に届いていることが想像できるだろう。

図表1-2に簡略化した**流通過程**を示した。実際のところ，卸売業者も製造業者も図で示したよりも複雑で多段階である。たとえば，海産物であれば，図では「農・畜・水産・卸売業者」から「小売業」や「営利・非営利団体」に流れているが，実際には漁港に水揚げされた海産物が地元の漁業協同組合（分類上，卸売業者）から東京の市場に出荷する場合がある。東京の市場では仲卸業者を経由して，他の地域に出荷されたりして，その地域の小売業者や外食業者に渡る。実質的に何段階も卸売業者を経由して

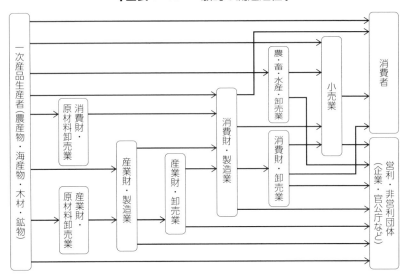

《図表1-2 一般的な流通過程》

いる[1]。

　また先に大豆加工品の例で述べたように，製品化も多くの企業を経由して完成する。たとえば，自動車のワイパーを考えてみるとゴムの部分，金属の部分，プラスチックの部分があり，ゴムや金属，プラスチック部分の加工をして，それを組み立ててワイパーにする。自動車はワイパーやタイヤ，フロントガラスなど，さまざまな部品すべてを組み立てることで完成する。私たちが目にするときには完成品になっているが，完成品となるまでには多くの部品業者，その部品を組み立てる部品組立業者，その組み立てた部品を組み合わせて完成品とする完成品業者と，製造業者と一言でいっても多岐にわたっている。

1）日本フードスペシャリスト協会，「中央卸売市場流通の概要」（2010），東京中央市場青果卸売会社協会 理事（事務局長）上田 良治。
http://www.jafs.org/pdf/h22_3.pdf

《図表1-3　消費財を例にした流通過程の企業活動》

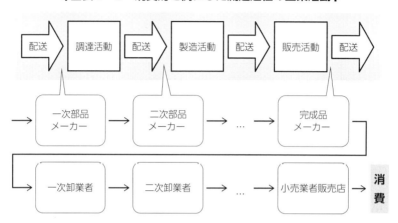

　こうした流れを**図表1-3**で確認する。商品は1社で部品の製造から完成品までのすべてを生産しているわけではない。トヨタ自動車グループの直接・間接の取引先企業数は3万社以上といわれている。ディーラーで購入してから、およそ2週間～1か月程度で車は完成し、消費者の手元に届く。すべての製造業者、そしてその流通を円滑に行うことで、それは可能になる。

　流通は企業内の活動の中にもある。企業内の活動を円滑にすることで、次の企業へと渡っていく。流通全体を効率的にしていくためには、それぞれの企業で、それぞれの働く人たちの活動が途切れないようにすることが大切である。

　商品種別ごとに異なる流通に対し、各事業者を有機的、そして合理的に結合しなければならない。商品移転の社会的な仕組みを**流通システム**と呼ぶ。本書では流通の全体像を明らかにしながら、**流通過程の下流**に特に重点を置いて説明する。すなわち、完成品メーカーから小売業者、消費者までの過程である。

2 マーケティング・チャネルとは

　商品が移転するルート（経路）を**マーケティング・チャネル（流通チャネル）**という。**図表1-4**に簡略化した化粧品のマーケティング・チャネルを記した。たとえば、化粧品メーカーの高価格帯の商品は百貨店で販売している。ドラックストアには低価格帯の商品もあるが、主として中価格帯の商品であろう。また低価格帯の商品はスーパーやコンビニエンスストアで取り扱っている。

　高価格帯の商品がスーパーマーケット（以下、スーパー）に置かれていることを想像してもらいたい。基本的にスーパーの商品は「安いもの」、消費者も「価格重視」で買い物をするときに利用する。そうしたスーパーの売場に高価格帯の商品は不釣り合いであり、ブランド・イメージを毀損する可能性がある。そのため、化粧品メーカーのフラッグシップ製品（技術力の総力をあげて開発したメーカーの象徴となる製品）は百貨店などの直営店に置くことになる。

　こうして、商品ごとに異なる販売ルートを辿ることになるわけだが、考えられた販売ルートをマーケティング・チャネルと呼ぶ。ここでは卸売業者を省略したが、それぞれのマーケティング・チャネルで卸売業者も異なる場合がある。メーカーにとって、マーケティング・チャネルの選択は、その商品のブランド・イメージ、売れ行きに直結する重要な問題である。

《図表1-4　化粧品のマーケティング・チャネル》

ところで，今日ではリサイクルは必須なものとなっている。ムダに生産しない，使い終わったらリサイクルする。循環型社会への取り組みであり，ゴミの減量，環境保全，省資源，省エネルギーに対応していくということである。リサイクルは，通常の流通とは異なる逆方向の流通システムやマーケティング・チャネルを構築するものである。

近年，循環流通の効率化，環境（CO_2排出），食品廃棄の問題が大きな関心を集めている。生産者だけでは対処することができない。消費者はもとより，小売業者をはじめ，流通に関係するすべての企業がそれに対応することが求められている。

3 多段階の流通

流通がはじまったのは，人々が交換行為をはじめたころと考えることができるのではないだろうか。人類が農耕生活をはじめた9000年前には，何らかのモノの交換があったと考えられる。資料として残っているのは，古代ギリシャ・ローマ帝国時代のヘロドトスが著書『歴史』の中で，カルタゴ人が船で交換物資を持っていき，黄金と交換する様子が記述されている。紀元前3000年頃にはクレタ人がエジプトへ，オリーブ油，ブドウ酒，オリエントの香料，レバノンの木材を運び，ソラマメ，象牙，真珠，金を買い入れている[2]。そして中世には商人が活躍していたことがわかっている。11世紀頃の西欧には，遠距離商人のギルドがあったことを記憶している人も多いだろう。

しかし，これらは私たちがイメージする今日の流通とはやはり異なる。今日の流通はアダム・スミスからはじまったといえる。1776年に出版され

2）黒田重雄，佐藤芳彰，坂本英樹（2000）『現代商学原論』千倉書房。

た『国富論』でピン工場の分業の例がある。1人の職人がピンの製造工程のすべてを担当し，完成させるよりも，複数の労働者で分担して1つのピンを製造する方が，効率がよく生産性が高い。それは分業の結果として，1つの作業に特化することで短時間に労働者の質が向上すること，ある作業から別の作業へと移る際の時間が節約されること，そして各作業を単純化することで機械が発明されやすいからだという。分業と専門化である。

各流通過程の機能が**分業**と**専門化**され，数多くの専門的な企業が誕生してきた。しかし，それによって，生産者と消費者の距離は遠くなっていった。消費者の手元に届く製品，その部品を作る業者は，消費者と直接的なかかわり合いを持てなくなる。

直接流通とは生産者から消費者に直接届けられることをいう。**間接流通**とは，生産者から卸売業者や小売業者を経由して消費者に届けられることをいう。分業と専門化が進んだことにより，流通は多段階化していった。流通の多段階化とは，生産者から卸売業者，二次卸売業者，三次卸売業者…小売業者と，消費者に届くまでに多くの企業を経ていくことをいう。図表1-5にそれを表す。

日本の流通は，米国などと比較して，多段階である。それは消費者行動の違いや小規模な小売業者が多いためともいわれている。

直接流通は，生産者から直接消費者に届けられる。そのため流通の段階としては0段階である。間接流通は，生産者から小売業者，そして消費者に届けられる場合は1段階，生産者から卸売業者，小売業者を経由する場合は2段階，図には示していないが，生産者から二次卸売業者，二次卸売業者を経由して小売業者，消費者に届けられる場合は3段階である。

インターネットにより，直接流通が以前よりも増えてきている。しかし，図でもわかるように，生産者から消費者に届けられる場合，消費者が小売業者（お店）まで商品を購入に行くよりも利便性は高いが，消費者のもとまで届けるため，配送が多くなる。今日の環境問題に対する社会意識や道

流通とは 第1章

《図表1-5 多段階の流通》

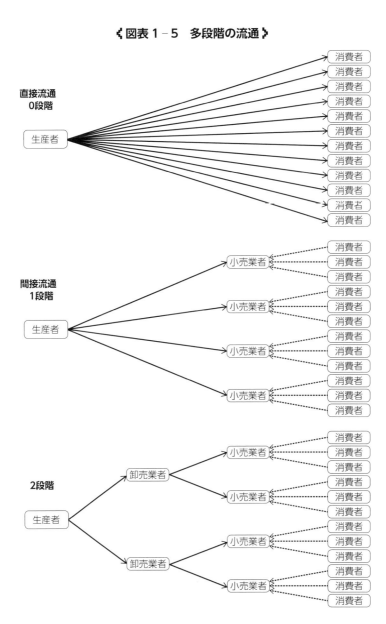

路事情，交通状態から考えると直接流通がよいとはいえない。そうしたことを考えれば，ネットショッピングにより，リアル店舗がなくなるというのは誇張だろう。今後も間接流通が主流であることは変わらないだろう。

4 流通と消費のギャップ

　流通の多段階により，生産者と消費者間に距離が生まれ，ある種の溝ができてしまった。それを**生産と消費のギャップ**，あるいは**経済的隔離（経済的隔たり）**と呼んでいる。

　生産と消費のギャップには「空間」，「時間」，「情報」，「価値」の4つがある。

　「空間」のギャップとは，生産場所と消費場所が離れているということである。一般に人口密度の高いところが最も消費が多い。そのため，そうした消費場所に面したところで生産すれば，輸送や配送コストが少なくて済む。しかし，人口密度の高いところに，農業や工場などの生産用地を確保することは困難である。そのため，一般に都市圏から離れた郊外に広い土地を確保し，生産することになる。よって，消費者に届けるには遠距離の輸配送が必要になる。

　「時間」のギャップとは，生産したときに消費するとは限らないということである。水産物であれば漁獲がない時期でも，私たちは冷凍保存していたものをいつでも購入できる。工業製品もあらかじめ生産しておき，消費者が購入しようと思ったときに店舗で購入できるような仕組みになっている。手元にある消しゴムは，もしかすると購入する半年，1年以上前に生産されたものかもしれない。農水産物などの一次産品は収穫できる時期の問題があり，工業製品の多くはあらかじめ生産しておく見込み生産である。いずれも生産した時期と消費する時期には時間的なギャップがあることが

わかる。

「情報」のギャップとは，生産者の持つ情報と消費者の持つ情報は異なるということである。生産者の持つ情報を消費者が正確に知っていれば購入した（購入しなかった）はずが，知らないために購入しなかった（購入した）ということがある。宣伝・広告はまさにそのためにあるのだが，不要なときには（後で必要になったとしても）消費者はその宣伝・広告を気に留めない。また消費者全体から，当該商品がどの程度の評価をされているのか，どの程度の需要があるのかを生産者は正確に知ることはできない。

「価値」のギャップとは，消費者がどの程度の品質を期待しているのか，またどのような好みがあるのかを生産者は知り得ないということである。「もう少し値段が高くても，品質がよければ…」，「この機能（品質）は必要ないから，もう少し安ければ…」などという経験は誰にでもある。生産者が考える価値と消費者が考える価値を一致させることは難しい。

「空間」のギャップは流通コストの増大につながる。輸配送，また生産場所から遠いために倉庫も必要になる。「時間」のギャップは見込み生産のため，誤算が生じると過剰在庫や品切れが発生してしまう。「情報」のギャップはよいものであっても認知されずに生産中止になることもある。

生産者と消費者の間には多段階のチャネルがあるため，生産者に消費者動向が適時伝わらずに，生産の見通しを立てにくい。「情報」や「価値」のギャップは，消費者のニーズを正確に理解できずに売れない商品を大量に生産してしまう可能性がある。

流通が多段階になることで，こうした問題が引き起こされている。しかしこれまでにない考えで，生産と消費のギャップに対処した企業は成長している。1990年代に大きく成長した PC メーカーの DELL は，他社に先駆けてネット販売による**受注生産**（Build To Order：BTO）をはじめたことがその要因にある（第8章を参照）。第2部で説明する SCM（Supply Chain Management）も，生産と消費のギャップを埋めるべく情報技術を活

用したことが，広く社会の関心を集めた理由であろう。

　生産と消費のギャップは，高度に分業化した現代社会において，完全に解消することはできない。より改善するにも，商品の流通に関係する他社の協力がなくてはできない。

5　流通システム

　流通システムを一言でいえば，商品移転の社会的な仕組みである。その社会的な仕組みは**マーケティング・チャネル**を構成する企業群からなる。こうした企業群を流通において**チャネル・メンバー**と呼ぶ（図表1-6）。
　チャネル・メンバーの各企業は自社の利益のための活動と消費者のための活動という，時には相矛盾することになる2つの目的と活動を併せ持つ。具体的にいえば，個々のチャネル・メンバーは，自己の利益のために購入先の取引企業から安く購入したいと願っているし，販売先の取引先には高く販売したいと願っている。それは相対する取引先にとっても同様であり，ある種の対立がある。消費者にとってはよりよいサービスを受け，より安く購入したい。そのためにはチャネル・メンバーが，仲違いすることなく，緊密な関係を構築し，互いに協力し合うことが必要である。
　次にチャネル・メンバー間の**流通フロー**について説明する。流通フローには**物的流通，商的流通，情報流通**がある。それぞれ物流，商流，情流と省略して呼ばれる。物流は財の移転である。モノや金銭などの移転を物流という。商流とは所有権の移転である。物流と商流は一見，同じもののように見えるが，実際には異なることがよくある。
　第4章で実社会の様子を詳しく述べるが，一般に私たちは，流通上の取引を図表1-7の**商物一致**として想像するだろう。しかし，実際には**商物分離**の形態をとることが多い。取引上はメーカーから卸売業者が仕入れ，

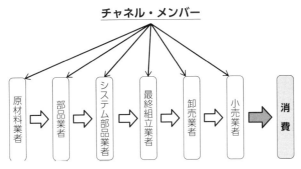

図表1-6 流通とチャネル・メンバー

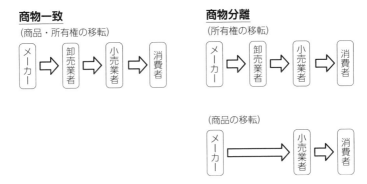

図表1-7 商物一致と商物分離

それを小売業者に販売する。しかし，商品は卸売業者には届けず，小売業者の物流センターに届けてもらう。この場合，所有権はメーカーから卸売業者，そして小売業者と移転しているが，商品はメーカーから小売業者へと移転する。このため，物流と商流は異なることになる。

情流については，今日最も関心を持たれている。技術革新が速く，消費者ニーズも早くなっている。商品によっては3か月や6か月で新しいモデルが登場する。急激に人気商品になり，また急激に売れ行きが鈍化するこ

とも珍しくない。生産と消費のギャップで述べたように，生産者と消費者間には空間や情報にギャップがある。そのため，消費者の販売動向をメーカーが知るには時間差があり，どの程度を生産するのか，また卸売業者や小売業者はどの程度の量を在庫として確保しておくのかが難しくなっている。

　販売量が多かったからと，生産量を増やしたり，仕入れ量を増やしたりすると，すでに流行りが終わっていることもあるだろう。また，生産量を増やすためには，それに必要なさまざまな部品の調達も必要であり，それらの部品を生産するメーカーもどの程度生産するのかを検討しなければいけない。消費者が購入しようとしたときに，購入する分だけを原材料から部品，完成品までを即座に生産・用意し，販売することが理想ではあるがそれは不可能である。

　そのため，情流をこれまで以上に重視する企業が増えている。小売業の販売時点の情報をリアルタイムにチャネル・メンバーに伝達し，販売量の変化に生産者が対応していくことがより大切になってくる。

　こうしたことから，昨今ではサプライチェーン・マネジメントに関心が集まり，企業での導入が見られるようになった。

　実際の取り組みについては第2部で紹介する。

第2章

流通業者とは

第1章では，原材料から製造，そして卸売業者，小売業者，そして消費者までのモノの流れを広く俯瞰してきた。本書でおおむね取り扱う流通の範囲は，**図表1-6**で示した最終組立業者から消費者までである。

しかし，つけ加えるなら，今日では製販を分離し，議論することは難しくなっている。先に情流で述べたように，サプライチェーン（供給連鎖）と呼ばれる流通が完成品以降の下流だけではなく，原材料からはじまる上流から消費者までの一貫した流れから考えることが必要になってきている。

また，今日ではUNIQLO（ユニクロ）やGU（ジーユー）で知られる（株）ファーストリテイリングなどのような**製造小売**（Specialty store retailer of Private label Apparel：**SPA**）が関心を集めている。SPAとは企画から製造，そして小売までを一貫して行う形態である。

昨今は，技術革新が速く，消費者ニーズも早くなってきており，**製品のライフサイクル**が短縮化している。製品のライフサイクルとは製品が市場に登場してから衰退し，退場するまでの期間のことである。商品によっては，半年もすれば新しいモデルが登場するようになってきた。急激に売れ行きが上昇し，急激に売れ行きが鈍化することもよくある。そのため，流通の上流（製造）と下流（販売）を一体として考えるようになってきている。

すでに述べたが，これに対処するには原材料から消費者までの情報伝達，そしてすべてのチャネル・メンバーの協力が必須である。

第2章ではあらためて**流通業者**とは何かについて述べる。流通業者とは文字どおり，商品の流通にかかわる業者のことであり，本書では一般に生産者である製造業者や一次産業従事者を含まない。

1 流通業者

流通業とは生産と消費を結びつけることであり，流通業者とは生産者か

ら消費者までの過程にある企業のことである。**流通業者**は大きく**商業者**と**物流業者**に分けられる。そして，商業者は**小売業者**と**卸売業者**に分けられ，物流業者は運送業者や倉庫業者，また商品の移転にかかわる物流センターで梱包などを行う梱包・包装業者なども含まれる。

　私たちは，百貨店，スーパー，家電量販店，コンビニエンスストアなどの，いわゆるお店で商品を購入する。これらを小売業者と呼ぶ。小売業者は商品を仕入れて販売する。一般にメーカーを含む生産者は，直接小売業者に販売していない。メーカーは対象となる商品をターゲットとなる消費者に届けるために，そうした消費者が来店する小売業者につながりを持つ卸売業者に商品を卸している。小売業者はその卸売業者から仕入れて，消費者に販売している。これらが商業者である。

　メーカーから卸売業者，卸売業者から小売業者に円滑に，そして適切に商品を届けることが必要である。そのために**輸配送**する運送業者や商品を保管する倉庫業者がある。これらを物流業者という。また，小売業者に出荷するための「出荷包装・再包装」，生鮮品などを適切な量にパックするなどの「流通加工」などを行う倉庫機能を持つ物流センターも物流業者である。貨物船に積む船荷の上げ下ろしをする荷役業者も物流業者に含まれる。物流業者とは卸売業者，小売業者を除く，商品の流通にかかわる人たちのことである。

　卸売業者では，こうした機能を自社で持っている場合も多い。また物流業者大手の**日本通運**や**佐川急便**なども輸配送だけではなく，それ以外の物流業者の機能を持ち，提供している。

　このように流通には多くの機能があり，1つの商品が私たちの手元に届くまでに多くの企業の助けを借りながら，届いていることになる。私たちは，円滑に適切に商品が手元に届くことがごく自然で，当たり前のように思っている。しかし，すべての流通業者が高度に高品質に各社の役割を果たしているからこそ，可能になっているのである。

以降，商業者，および物流業者の説明をする。

〈1〉商業者

　小売業者の一般的な分類として業種と業態がある。業種とは販売する商品で分類するもので，業態とは販売の仕方で分類するものである。

　具体的には，業種とは食品，衣類，書籍・文具などで分類する方法である。業態とは百貨店，総合スーパー，コンビニエンスストアなどである。私たちが小売業の種類として思い浮かべるのは，業態が多いのではないだろうか。

　総務省・日本標準産業分類では，図表2-1のように小売業を定義している。

　日本標準産業分類では，大分類として，「卸売業，小売業」としている。そして，それらを中分類，小分類と分けている。小売業の中分類は「各種商品小売業」，「織物・衣服・身の回り品小売業」，「飲食料品小売業」，「機械器具小売業」，「その他の小売業」，「無店舗小売業」の6つに分けられており，それぞれに小分類がある。図表2-2では小売業の中分類，小分類の一部を抜粋した。

　小売業はそのときの時代に合った形態として，新たな業態が誕生する。また，これまでにない製品が市場に登場したときにも，新たな小売業者が登場することがある。そのため，こうした分類は普遍的なものではなく，変更されることを考慮しておく必要があるだろう。

　次に卸売業者ついて述べる。図表1-2で紹介したように，卸売業者は原材料，部品生産者，完成品生産者，卸売業者など，流通の接続点のあらゆるところに存在している。それは卸売業者が流通の緩衝役として，生産者，また小売業者のそれぞれが本業に徹することができるようにしているためである。

　これは中小小売業者には特に大きな意味がある。たとえば，地方の人口

《図表2-1　小売業の定義》

小　売　業
1. 小売業とは，主として次の業務を行う事業所をいう。
   (1) 個人用又は家庭用消費のために商品を販売するもの
   (2) 建設業，農林水産業（法人組織），製造業，運輸業，飲食店，宿泊業，病院，学校，官公庁等の産業用使用者に少量又は少額に商品を販売するもの
   また，小売業は，衣食住に関わる幅広い分野の商品を取り扱い，それぞれの業態（特徴的な販売形態）により分類される事業所（いわゆる非専門店であり，例えば，百貨店，コンビニエンスストア，ドラッグストア等と称される。），また，取り扱っている主な商品により分類される事業所（いわゆる専門店であり，業種としても区分される。）に大別できる。
2. 次に掲げるものは小売業として分類されるので注意しなければならない。
   (1) 商品を販売し，かつ，同種商品の修理を行う事業所は大分類Ⅰ―卸売業，小売業に分類される。
   なお，修理を専業としている事業所は大分類R―サービス業（他に分類されないもの）[89，90]に分類される。修理のために部分品などを取替えても販売とはみなさない。
   (2) 製造小売業
   製造した商品をその場所で個人又は家庭用消費者に販売するいわゆる製造小売業（菓子屋，パン屋などにこの例が多い）は製造業とせず，小売業に分類される。
   (3) ガソリンスタンドは小売業に分類される。
   (4) 行商，旅商，露天商など
   これらは一定の事業所を持たないもの，また，恒久的な事業所を持たないものが多いが，その業務の性格上小売業に分類される。
   (5) 官公庁，会社，工場，団体，劇場，遊園地などの中にある売店で当該事業所の経営に係るものはその事業所に含めるが，その売店が当該事業所以外のものによって経営される場合には別の独立した事業所として小売業に分類される。
   (6) 売買の目的である商品について所有権を有することなく，また，直接的な管理をすると否とにかかわらず，手数料及びその他の報酬を得るために小売業（個人を含む）の代理業務を行い，あるいは仲立あっせんを行う事業所は，細分類6099に分類される。

出所：総務省・日本標準産業分類より

の少ない地域にある個人商店はどのように商品を手にして販売しているのか，疑問に思ったことはないだろうか。お店の人が各商品を作っているメーカーに買い出しに行って，店の商品をそろえていると思っている人はいないだろう。では，メーカーの人が全国のお店に直接届けているのだろうか。小売業の店舗は全国に100万店以上存在している。メーカーが全国にある店舗，1店舗1店舗に届けているはずがない。もし，メーカーがそれをしているとすれば，途方もない作業が必要になる。消費期限・賞味期限のある商品ならなおさらである。

図表 2-2　小売業の産業分類項目表

中分類 56 各種商品小売業
560 管理，補助的経済活動を行う事業所（56 各種商品小売業）
　5600 主として管理事務を行う本社等
　5608 自家用倉庫
　5609 その他の管理，補助的経済活動を行う事業所
561 百貨店
　5611 百貨店
562 総合スーパーマーケット
　5621 総合スーパーマーケット
563 コンビニエンスストア
　5631 コンビニエンスストア
564 ドラッグストア
　5641 ドラッグストア
565 ホームセンター
　5651 ホームセンター
566 均一価格店
　5661 均一価格店
569 その他の各種商品小売業
　5699 その他の各種商品小売業

中分類 57 織物・衣服・身の回り品小売業
570 管理，補助的経済活動を行う事業所（57 織物・衣服・身の回り品小売業）
　5700 主として管理事務を行う本社等
　5708 自家用倉庫
　5709 その他の管理，補助的経済活動を行う事業所
571 呉服・服地・寝具小売業
　5711 呉服・服地小売業
　5712 寝具小売業
572 男子服小売業
　5721 男子服小売業
573 婦人・子供服小売業
　5731 婦人服小売業
　5732 子供服小売業
574 靴・履物小売業
　5741 靴小売業
　5742 履物小売業（靴を除く）
579 その他の織物・衣服・身の回り品小売業
　5791 かばん・袋物小売業
　5792 下着類小売業
　5793 洋品雑貨・小間物小売業
　5799 他に分類されない織物・衣服・身の回り品小売業

出所：総務省・日本標準産業分類・項目表より

卸売業者が小売業者に代わって，必要なモノを仕入れて適時店舗に届けているのである。都会から離れた各地域の農産物も卸売業者が買いつけ，そして全国の店舗に並ぶ。それによって，私たちの生活は成り立っている。

　また，製造業者の上流にある卸売業者は，国内で採掘できない資源や部品を海外から調達し，届けている。

　図表2-3に卸売業者の定義を記す。総務省の卸売業の中分類は「各種

《 図表2-3　卸売業の定義 》

卸売業
1. 卸売業とは，主として次の業務を行う事業所をいう。
   (1) 小売業又は他の卸売業に商品を販売するもの。
   (2) 建設業，製造業，運輸業，飲食店，宿泊業，病院，学校，官公庁等の産業用使用者に商品を大量又は多額に販売するもの。
   (3) 主として業務用に使用される商品{事務用機械及び家具，病院，美容院，レストラン，ホテルなどの設備，産業用機械（農業用器具を除く），建設材料（木材，セメント，板ガラス，かわらなど）など}を販売するもの。
   (4) 製造業の会社が別の場所に経営している自己製品の卸売事業所（主として統括的管理的事務を行っている事業所を除く）
   (5) 他の事業所のために商品の売買の代理行為を行い，又は仲立人として商品の売買のあっせんをするもの。
2. 事業所の業態による分類
   本分類に含まれる事業所の主な業態は次のとおりである。
   (1) 卸売業（卸売商，産業用大口配給業，卸売を主とする商事会社，買継商，仲買人，農産物集荷業，製造業の会社の販売事務所，貿易商など）
   (2) 製造問屋（自らは製造を行わないで，自己の所有に属する原材料を下請工場などに支給して製品をつくらせ，これを自己の名称で卸売するもの）
   (3) 代理商，仲立業（エイジェント，ブローカー，コミッションマーチャント）
       卸売業は，主として商品の仕入販売などの業務を行う事業所であるが，細分類5598に掲げる代理商，仲立業は主として手数料を得て他の事業所のために商品の売買の代理又は仲立を行うものである。このような事業所は商品の所有権を持たず，また，価格の設定，商品の保管，輸送などの業務を一般に行わないものである。
3. 業務の種類による分類
   卸売業（5598-代理商，仲立業を除く）は，販売される主要商品によって業種別に分類される。

（注）製造小売（小売業 2.(2)参照）に対して製造卸という言葉が一般に使用されているが，これは製造業者の卸売をいうのであるから，ここでいう仕入卸とは厳格に区分されなければならない。

出所：総務省・日本標準産業分類より

《図表 2-4　卸売業の産業分類項目表》

中分類 51 繊維・衣服等卸売業
510 管理，補助的経済活動を行う事業所（51 繊維・衣服等卸売業）
　5100 主として管理事務を行う本社等
　5108 自家用倉庫
　5109 その他の管理，補助的経済活動を行う事業所
511 繊維品卸売業（衣服，身の回り品を除く）
　5111 繊維原料卸売業
　5112 糸卸売業
　5113 織物卸売業（室内装飾繊維品を除く）
512 衣服卸売業
　5121 男子服卸売業
　5122 婦人・子供服卸売業
　5123 下着類卸売業
　5129 その他の衣服卸売業
513 身の回り品卸売業
　5131 寝具類卸売業
　5132 靴・履物卸売業
　5133 かばん・袋物卸売業
　5139 その他の身の回り品卸売業

中分類 52 飲食料品卸売業
520 管理，補助的経済活動を行う事業所（52 飲食料品卸売業）
　5200 主として管理事務を行う本社等
　5208 自家用倉庫
　5209 その他の管理，補助的経済活動を行う事業所
521 農畜産物・水産物卸売業
　5211 米麦卸売業
　5212 雑穀・豆類卸売業
　5213 野菜卸売業
　5214 果実卸売業
　5215 食肉卸売業
　5216 生鮮魚介卸売業
　5219 その他の農畜産物・水産物卸売業
522 食料・飲料卸売業
　5221 砂糖・味そ・しょう油卸売業
　5222 酒類卸売業
　5223 乾物卸売業
　5224 菓子・パン類卸売業
　5225 飲料卸売業（別掲を除く）
　5226 茶類卸売業
　5227 牛乳・乳製品卸売業
　5229 その他の食料・飲料卸売業

出所：総務省・日本標準産業分類・項目表より

商品卸売業」,「繊維・衣服等卸売業」,「飲食料品卸売業」,「建築材料,鉱物・金属材料等卸売業」,「機械器具卸売業」,「その他の卸売業」の7つに分類している。

図表2-4に,卸売業の産業分類と商品分類の対応づけを示す。

卸売業者は,小売業者や生産者の1つである製造業者と比べて,あまりなじみがないかもしれない。小売業者は消費者が買い物をする店舗を提供し,製造業者は購入する商品を提供しているため,消費者にとって身近なものに感じられる。それに対して,卸売業者は生産者と小売業者を繋ぐ,すなわち商品を流通させることがその役割であり,消費者が直接的に接することがないためであろう。

しかし,全卸売業者の年間販売額は,全小売業者の年間販売額のおよそ3倍あり,その割合は大きい。卸売業者の存在意義,および社会に対する影響力は大きいことがわかる。

〈2〉物流業者

先に述べたように物流業者は運送業者や倉庫業者,梱包・包装業者などが含まれる。とはいえ,物流業者の代表的なものとしては輸配送を行う運送業者だろう。消費者にとって身近な運送業者といえば,クロネコヤマトで知られるヤマト運輸,ゆうパックの日本郵便,飛脚宅配便の佐川急便などがある。これらは消費者へ配送する宅配事業を行っている代表的な運送業者である。しかし,原材料から製造,卸売,小売とそのすべてで商品の物流が必要であり,ほとんどの運送業者の主たる対象は企業間の輸配送である。

輸配送も単に商品を運ぶだけではなく,クロネコヤマトのクール宅急便で知られているように,商品によっては温度管理も必要になる。そしてクール宅急便にも冷蔵タイプと冷凍タイプの2つの種類がある。また精密機器の輸配送では,通常の輸配送よりも振動や衝撃を押さえることも必要

であるし，温度や湿度管理までも要求される。企業間の物流における輸配送にもこうした機能が必要である。もちろん時間指定も必要な機能である。運送業者にはこれらをサポートすることが求められる。そして近年のグローバル化で，国際取引の数量増大により海外に拠点を持ったり，海外の運送業者と提携したりすることも必要になっている。

また，冷蔵・冷凍が必要な商品の物流では，輸配送のトラックなどにそうした設備が必要なことに加えて，冷蔵・冷凍の設備を持つ倉庫がそれぞれ必要になる。大手運送業者ではこうした倉庫を自社で持つ場合もある。飲食料品の生産者は，冷蔵・冷凍の設備を持つ物流業者でなくては委託することはできない。飲食料品，医薬品などの物流では，**三温度帯対応**（常温，冷蔵，冷凍）は必須である。

入出庫管理，流通ラベル貼付や梱包，そして流通加工も物流には必要になる。流通加工とは，荷姿が均一化されていなければ，受取企業で扱いに手間取ってしまう。出荷企業の作業ともいえるが，出荷企業のわずらわしさを物流企業が対応している。飲食料品では箱詰め作業や農水産物のパッケージ作業など，物流センターで行っていることも流通加工の1つである。

1990年代以降，**サード・パーティー・ロジスティクス**（Third-Party Logistics：**3PL**）という考え方も出てきている（ロジスティクスについては，第3章を参照）。3PLとはこれまで説明したさまざまな物流機能を包括して遂行する形態である。物流業務は多様化と高機能化が進み，それでいて柔軟で高品質なサービスが求められている。製造業者などの生産者は本業に専念し，物流業務は専門の業者に委託する。現在では多くの大手運送業者が，3PLを謳っている。

2 流通業者の役割

〈1〉小売業者の役割

　小売業者の役割を消費者の側面から見ると，消費者が「欲しいモノ」を「欲しいと思ったとき」に，「必要な量」を店舗に行くと手に入れることができることといえるだろうか。小売業者にとっての顧客とは，消費者であることから，それが小売業の役割であることに異論はないだろう。

　そのため小売業者では，各店舗に来店する顧客が，どのような商品をどの程度購入するのかに関心を持っている。また店舗の大きさには限りがあるため，売れない商品は早めに取り除き，続々と発売される新商品に対応していかなければならない。第2部で説明するが，そのために小売業者の多くはポイントカードを発行しており，そこから入手する情報をもとに顧客動向に注意を払うことになる。

　マーケティング・チャネルの中で，消費者に一番近いところにいるのが小売業者である。流通過程で，消費者のニーズや消費者の変化を最もよく察知できる事業者といえる。第1章で，流通が多段階化したことで，生産者と消費者間に距離が生まれ，ある種の溝ができてしまったと述べた。いわゆる生産と消費のギャップ（経済的隔離）である。生産者は消費者のニーズや動向を直接知ることはできない。生産者側から小売業者を見ると，消費者のニーズや動向を伝達する役割が小売業者にはある。生産者が想定していた需要以上に消費者は商品を購入しているかもしれない。逆に想定したほど，商品が売れていないかもしれない。前者をそのままにしていると品切れが発生してしまう。後者は過剰生産，過剰在庫ということになるだろう。生産者にこうしたシグナルを送ることが小売業者のもう1つの役割といえる。

「消費者が「欲しいモノ」を「欲しいと思ったとき」に，「必要な量」を店舗に行くと手に入れることができる」と述べたが，生産量が不十分で品切れになるようであれば，できるだけ早い段階で生産者にそのことを伝える必要があるし，想定外に売れずに過剰在庫になるようであれば，発注量の調整や生産者に製品を早めに改良してもらう，あるいは製造を中止し，新たな製品を開発してもらう方が消費者にとってはよい。いずれにしても，小売業者には消費者にとって良質な商品があり，品切れが起きないことが消費者の購入意欲を促すことになる。

また生産者からの情報やその価値を消費者に伝達することも，役割としてあるだろう。昨今の商品やサービスは非常に高機能化している。たとえば，携帯電話事業者（スマートフォンなど）の料金プランは複雑であり，どのプランが自分にとって適切であるかを判断することは難しく，多くの人は店頭で相談していることだろう。飲食料品関係では，「特定保健用食品（トクホ）」や「機能性表示食品」などがいくつも誕生し，それらがどのような効能があるのか消費者は容易に理解できない。同じような効能のものも数多くある。商品の特徴を説明したり，POP広告などで特徴を説明書きをしたりすることで，消費者に理解してもらうことも求められている。

生産者は新商品が発売されると，テレビCMやホームページだけではなく，担当者が小売業者の店舗に説明に行くことが増えている。家電量販店や食品スーパーにメーカーの人がいるところを見た人もいるだろう。高性能，高機能な商品の場合，その特徴や特性を消費者に理解してもらうことは難しい。そのため，店頭での消費者への説明やその商品の特徴や特性に合った陳列にしてもらうなど，生産者にとっての小売業者は，消費者へのアプローチの場を提供している存在でもある。

消費者の情報を生産者へ，そして生産者から消費者への情報伝達が，小売業者の流通における役割である。すなわち，流通上の生産と消費のギャップに対する「情報」，「価値」に果たす役割が小売業者にはあるといえる。

〈2〉卸売業者の役割

　卸売業者の役割として，物流機能，調達販売機能，金融・危険負担機能，情報提供機能がある。

　卸売業者の物流機能とは，包装加工，各小売業者・店舗への仕分け作業，そして商品を適切に保管することである。自社でそれらを整えられない場合は包装加工業者，倉庫業者に委託する。

　調達販売機能とは，生産者と小売業者を繋ぐ役割を果たすことである。新たな販売先の発掘として，チャネルの開拓がある。たとえば，生鮮品を取り扱う場合，品質に問題がなくても，大きさ・色・形などで規格外になり，小売業者への販売ができないこともある。その場合でも，生鮮品を調理・加工する中食・外食事業者には問題ないこともある。こうした中食・外食事業者を開拓することも必要である。

　金融・危険負担機能とは，生産者への代金支払い代行や商品の売れ残りリスクを軽減することなどである。卸売業者が生産者から商品を購入することで，商品が消費者に購入される前に生産者に代金を支払うことになる。それによって，生産者は次の生産，あるいは開発にその資金を回せる。また，生産した商品は売れ残るリスクもあるが，卸売業者が購入することによって，売れ残りリスクの分担ができる。このような流通上のリスクが小売業に存在する。**生産と消費のギャップ**に「空間」のギャップがあることは，すでに説明した。生産者と小売業者をつなぐ役割である。

　店舗にはさまざまな生産者の類似する商品が数多く販売されている。小売業者は多品種を少量仕入れて，販売している。卸売業者が存在していなければ，小売業者は品切れにならないように，多品種の商品を十分に在庫として確保している。店舗の近くに卸売業者が介在していれば，卸売業者が在庫を確保しているため，小売業者の在庫量は少なくて済む。これを**不確実性プールの原理**と呼ぶ。これらの仲立ちや金融・危険負担機能から，

卸売業者の役割は生産者と小売業者の緩衝材（バッファ）と呼ばれることもある。

情報提供機能とは，生産者の情報を小売業者に伝達する，また小売業者の販売状況から生産量の調整のための情報を伝達することである。小売業者の役割で，生産者が小売業者に商品説明に行くことが増えてきたことを説明したが，販売するすべての店舗に行くことは不可能である。多くの小売業者は，卸売業者から**リテールサポート**として，さまざまな情報や商品の特性に合った陳列などのアドバイスを受けている。

また小売業者からの販売状況についても，商圏に住む住民や環境により販売状況が異なる。卸売業者は多くの小売事業者や店舗に商品を提供している。そのため，どのような商圏や顧客にどの商品が受け入れられ，また受け入れられないかを俯瞰することができる。こうした観点から卸売業者は生産者に情報を提供することができる。

ところで，**問屋不要論**，**卸不要論**，中抜きと称して，卸売業者が不要といった議論がある。卸売業者を介さずに，生産者と小売業者の直接取引を行う議論である。卸売業者を介さない分，商品を低コストで消費者に提供できるといった論調である。また，それに対する議論もされてきた[3]。

図表2-5に取引総数単純化の原則を示す。卸売業者が存在しない場合，各製造業者から小売業者への取引総数は12取引ということになる。それに対し，卸売業者が存在した場合，7取引となる。卸売業者が存在しない場合は，製造業者と小売業者の数の「積」となるのに対し，卸売業者が存在した場合は「和」となる。そのため，製造業者，小売業者の数が増えるほど，その差は大きくなることが理解できる。こうしたことから，卸売業者の存在価値は説明されている[4]。

---

[3] 鍋田英彦（2005）「流通における中間業者排除に関する考察」『東洋学園大学紀要』第13号，pp.201-215，東洋学園大学。

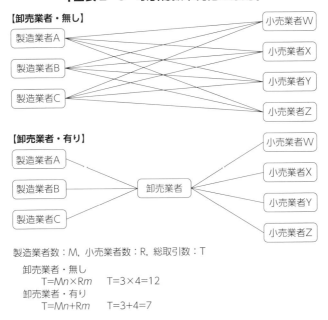

図表2-5 取引総数単純化の原則

製造業者数：M，小売業者数：R，総取引数：T

卸売業者・無し
　T=Mn×Rm　　T=3×4=12
卸売業者・有り
　T=Mn+Rm　　T=3+4=7

　それなのに問屋不要論，中抜きが議論される背景には，日本の流通過程が2次卸，3次卸と欧米と比較して多段階化していることにあるのだろう。欧米では小売業者が直接取引するケースが日本よりも多い。この多段階化が，日本が欧米よりも高コストであるといわれる1つの要因である。それは小規模零細小売業者が全国各地に数多くあったためだといわれている。消費者も身近に買い物に行くことができる店舗を望んだ。そのため，全国に点在する過疎化する地域にも小売業者はおり，そこまで物流するために卸売業者が多段階化しているともいえるのかもしれない。

---

4) Margaret, H (1949) *Distributive Trading: An Economic Analysis*, Hutchinson's University Library.（片岡一郎訳（1957）『商業の経済理論－商業の経済学的分析－』東洋経済新報社。）

近年は国内も大手小売業者の寡占化が進行している。それが問屋不要論，中抜きの議論になったといえる。実際，大手小売業者は自社の物流センターを持ち，そこから各店舗へ配送するケースが増えている（詳細は第4章を参照）。卸売業者も，同業卸売業者や異業種卸売業者間での提携や合併が確認され，小売業者と同様に寡占化してきている。同業卸売業者間の合併・提携は規模の拡大，異業種卸売業者間の合併・提携は取扱商品の拡充を目的にしている。流通業者の再編が進んでいる。

3 マーケティング・チャネル

〈1〉マーケティング・チャネルの重要性

第1章で述べたが，生産者にとって，**マーケティング・チャネルの選択**は，その商品の特性を考える上で重要な要素になる。たとえば，商品を高級なブランドとして育てたい場合と普及品として多くの消費者に届けたい場合では，そのマーケティング・チャネルが異なることはすでに説明した。

図表2-6をもとに，幅広い小売業者に商品を提供しているメーカーを前提にマーケティング・チャネルを説明する。マーケティング・チャネルの選択は，ターゲットとなる消費者に商品を届けることを目的にする。それはその商品をどのようにイメージしてもらいたいのか，購入した消費者が後から幻滅しないようにするための印象にも配慮する。たとえば，わざわざ百貨店で購入した商品が，近くのスーパーやコンビニエンスストアでも販売しているのを見たとしたら，消費者はその商品や製造しているメーカーに失望してしまうだろう。

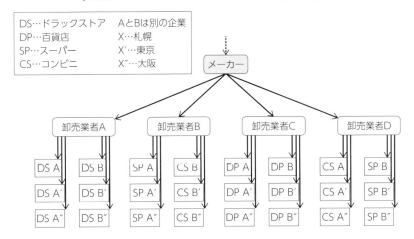

図表 2-6 マーケティング・チャネルの選択

⟨2⟩ マーケティング・チャネルの選択

　図表2-7〜2-10にマーケティング・チャネル選択の代表的な例を示す。

　図表2-7は商品の流通を信頼できる卸売業者に任せる方法である。代表的な形態として，**代理店・特約店制度**がある。代理店，特約店の名称の使用に厳密なルールがあるわけではなく，業界によって，どちらかの名称が使われていたり，両方の名称が混在したりする。一次卸を代理店，二次卸を特約店と呼ぶ場合もある。販売権を独占している場合は**総代理店**という名称も使われることがある。

　この形態は特定商品の流通において，生産者が本業に専念したい，あるいは信頼できる卸売業者であり，当該商品の販売のノウハウが優れている，販売先に強い影響力がある場合などに用いられるチャネル選択である。大手製造業者の場合は自社で卸売業者を持つことがある。

　化粧品などでは特約店制度を採用しているところがある。また，特約店

第1部　流通システム

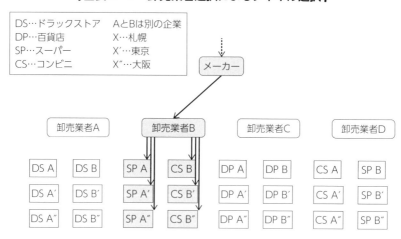

《 図表 2-7　卸売業者選択によるチャネル選択 》

制度という形式をとっていないが，農産物もこの形態にあるといえるだろう。農家は農産物の生産に専念して，生産した作物は多くを農業協同組合（農協）に収めている。

図表 2-8 は特定業態の小売業者に対して，流通させたい場合である。化粧品などで低価格帯から高価格帯まである商品の場合，ブランド価値を守るために高価格帯の商品は百貨店，中価格帯はドラッグストア，低価格帯はスーパーといった具合に商品の特性によって小売業者の選別をすることがある。

図ではコンビニエンスストアで説明しているが，コンビニエンスストアは自社で物流センターを持っているため，実際には卸売業者から直接，コンビニエンスストアの各店に配送されるわけではない。

図表 2-9 に地区選択によるチャネル選択の図を示す。「北海道限定」，「九州限定」などの商品の場合，地区限定のマーケティング・チャネルを選択する。

先の小売業者選択によるチャネル，地区選択によるチャネルは，卸売業

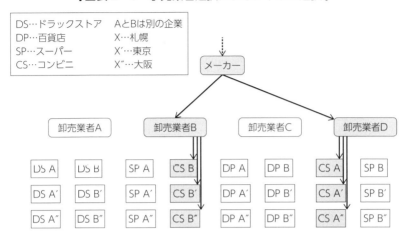

{ 図表2-8　小売業者選択によるチャネル選択 }

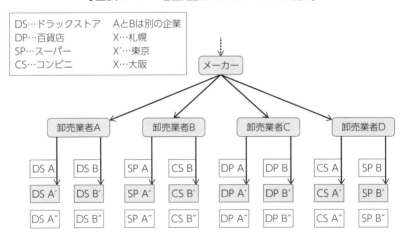

{ 図表2-9　地区選択によるチャネル選択 }

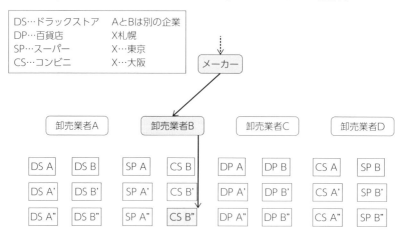

図表2-10　小売業者と地区選択によるチャネル選択

者が柔軟に対処することが求められる。昨今では特定小売業者限定や地区限定，期間限定などの商品が，以前よりも増えてきている。地区限定では特に観光地に多い傾向がある。

　図表2-10では，生産者が地域，および店舗ともに「限定販売」のようなことを行うチャネル販売を例にした。観光地などで限定された小売業者を選択する場合である。

　日本では店舗限定や地域限定など，小売業者が工夫を凝らして消費者が購入したくなるような販売方法を提供しているが，それらには卸売業者の協力がある。マーケティング・チャネルから説明した。

第 3 章

物的流通・商的流通・情報流通

1 流通の機能

　これまで述べてきたように，流通システムとは生産と消費のギャップを橋渡しする社会的な仕組みである。流通には「**物的流通（物流）**」，「**商的流通（商流）**」，「**情報流通（情流）**」の3つがある。特にこれらの流れを指す場合，流通フローと呼ぶ。

　なかでも，近年，情報技術の進展と実用化の研究と開発によって，情流に関心が集まっている。情報技術の登場によって，その手段が郵便，電話，FAX，対面による取引や情報交換から大きく変容した。これについては第2部で詳しく説明する。

　流通の機能として，**需給接合機能**，**物流機能**，**情報機能**，そして**金融機能**がある。

　需給接合機能は，商的流通による所有権の移転である。売り手と買い手，そして需要と供給を結びつけることである。ある地域ではそれほど売れないモノでも，他の地域では売れることがある。これは地域性なのかもしれないし，片方の地域は高齢者が多く，もう片方の地域は若年者が多いなどの年代層の違いによるものなのかもしれない。

　よって，それを見つけることも流通には必要になってくる。そしてそのために，新たな取引先を開拓する必要があるかもしれない。卸売業者は，多くの取引先を持つことで，生産者が新商品を開発したときに市場開拓を手伝うことができる。取引条件に見合った取引先を見つけ出すことも必要になってくる。

　取引条件は価格だけではなく，品質，数量，納期の時期や場所，支払い方法などがある。それには生産者との交渉も必要になるだろう。また，取引条件の1つとして「**割戻金**」，「**報奨金**」，「**謝礼金**」，「**協賛金**」などと呼ばれる，いわゆる**リベート**もある。これは代金の一部を手数料，あるいは

謝礼などの名目で返金すること，または生産者が期待する成果を上げた場合に謝礼という形で，金銭を支払うことである。

　生産者がリベートを行う理由として，販売数量を増大させることの他に，発売開始から一定の期間が経ち，売上が落ちてきた商品のテコ入れ，また新商品の発売が目前に迫っており，発表前に旧商品の在庫を処分したいということなどが挙げられる。小売業者にとっては，リベートを受け取ることで実質的に仕入れコストが下がる。

　大量一括仕入れをした場合に，リベートを受け取ることもある。この場合は販売することなく，金銭を受け取ることができる。そのため，生産者に対してリベートを要求する小売業者もいるようである。

　ただし，こうしたリベートは人気のある商品や新商品などにはほとんどないため，生産者からのリベートに頼ると，店舗は魅力のある品揃えにはならない。

　「私的独占の禁止及び公正取引の確保に関する法律」，いわゆる独占禁止法で，リベートに関する規定がある。リベートは適切に行えば，販売促進効果や需要が刺激されることがある。そのため，リベートそのものは違法ではない。米国ではリベートとは呼ばず，**アローワンス**と呼ばれている。

　物流機能についてはすでに多くを述べているが，「輸配送」，「保管」，「荷役」，「包装」，「在庫管理」，「流通加工」などがある。これには「コストを下げること」，「適切に商品管理すること」の2つが目的としてあるだろう。

　在庫管理ではコストを下げることを特に挙げる。それぞれの商品の販売変動を管理データから読み取り，販売数が減少傾向にある場合は在庫量を以前よりも少なくするなどの対処を必要とする。特に賞味期限，消費期限のある商品の場合は，過剰在庫に陥ってしまうと値引きや廃棄しなければならなくなる。もちろん，販売増加傾向にある商品の場合は，在庫量を多くしなければ品切れが発生してしまう。卸売業者は小売業者の見通しの誤

りによって，品切れ・過剰在庫を緩衝する役割を持つため，特に気を配らなければならないし，生産不足が発生しないように適時，生産者に販売動向を伝達しなければならない。

近年では，以前と比べて**製品のライフサイクル**が短縮している。そのため，以前のように，単に在庫量をチェックしているだけでは，頻繁に商品配送が発生してしまったり，過剰在庫によるコストが増大したりしてしまう。柔軟で機動的な在庫量の調整が必要になっている。

情報機能についてであるが，今日では流通上のチャネル・メンバー各社が自社に必要な情報のみならず，効率的，効果的に流通させるために必要な有用な情報を収集すること，そしてその情報を必要とするチャネル・メンバーに速やかに伝達することが，情報技術によって可能になった。

1970年代には小売業者と卸売業者間で，**電子発注システム**（Electronic Ordering System：**EOS**）によるオンライン受発注システムが登場した。また1990年代には，企業間での商取引における情報の統一・標準化の仕組みである**電子データ交換**（Electronic Data Interchange：**EDI**）が進められた。また，小売業では**POS**（Point Of Sale）システムとポイントカードなどによる**CRM**（Customer Relationship Management）も登場する。小売業者の収集した販売情報を卸売業者，そして生産者に伝達し，効率的な生産と流通の仕組みの構築を進めることが，今日まで続いている。

2000年以降からはインターネットの利用が進む。インターネットを利用することによって，それまでの高価な専用回線やクローズドなネットワークシステムを使用する必要がなくなった。それによって，中小零細企業であっても，オンラインで情報伝達を行えるようになった。2000年を前後する頃から流通業者に**サプライチェーン・マネジメント**（Supply Chain Management：**SCM**）が関心を集めることになる。

金融機能には，所有権の移転に対する対価，および資金融資がある。およそ企業間の支払いであることから，掛売や手形などの企業間信用取引が

多い。企業間信用とは、一定期間の猶予をおいて生じる債権、債務のことを指す。

2 流通におけるパラダイムの変化

〈1〉大量物流の時期

　国内で物的流通なる言葉が登場したのは、1965年の経済審議委員会の中期経済計画にあるといわれている。当然のことながら、それまでにも実質的には物的流通は存在している。縄文・弥生時代には銅や鉄器などが大陸から伝えられただろうし、鎌倉時代には今でいう問屋があったといわれている。ほぼ国内を網羅する物的流通として知られているのは、北前船だろう。国内の各地を寄港地として、蝦夷地（今の北海道）まで物資を運んだ。蝦夷地では昆布やニシン、そして木材を運んでいた。

　それが1960年代に関心が集まるようになったのは、急速に大量生産が行われるようになったが、それに伴う大量物流の仕組みが遅れていたためである。多くの企業が生産の拡大を増強していったのに対し、それを物理的に流通させる体制が整っていなかった。国内経済の成長や産業の促進への阻害要因となっていた物的流通を、行政が政策として取り上げた。それまでは「輸配送」、「包装」、「保管」、「荷役」、「在庫管理」などの業務を指す言葉は存在していたが、それらを一括して表す物的流通という言葉はなく、この頃に登場した。

　物的流通は、英語の"physical distribution（フィジカル・ディストリビューション）"を日本語に訳したものである。米国は比較的新しい国である。19世紀半ばに東海岸の北部で産業革命による工業化が進み、南部では綿花の生産が主産業であった。また西部の開拓も進み、物流は当初から課

題であったのだろう。20世紀初頭に米国では"marketing（マーケティング）"，"physical distribution"という言葉が誕生した。当時のマーケティング研究者であるA. W. Showが，マーケティングを体系化し，企業経営活動を「生産活動」，「流通活動」，「促進活動」に分けている。また「流通活動」とは「需要創造活動」と「物的供給活動」としている[5]。そのため，流通に関する研究はマーケティングの一分野でもある。

国内では1960年代に工業化が進み，少量生産から**大量生産**へと急速に変化した。それが米国の物的流通を導入する機会になった。大量生産に見合ったインフラをはじめ，速やかに大量物流と低コストな仕組み作りを，米国をモデルとして模索した。「輸配送」，「包装」，「保管」，「荷役」，「在庫管理」などを物的流通のシステムとして捉えることになった。

これ以降，大量に生産される商品を間断なく流通できるように，それぞれの各機能の能力向上と効率化が進むことになる。本質的には流通システムという言葉からも理解できるように，流通全体をシステムとみなして，流通システム全体の能力向上と効率化を目指した。

しかし，実社会において，当初は能力向上と効率化は各機能別に進んだ。これはそもそも流通が複数の企業から成り立っていること，そして1つの企業内でもそれぞれの機能は，異なった部署が担当していることからであろう。それでも，機能ごとに見れば，能力向上と効率化が進み，大量生産に適応する大量物流の仕組みは構築されていった。

具体的には機械化と省力化である。能力向上とは処理能力の向上である。効率性の目指す先は物流コストの削減である。物流に関しては単位時間あたりの処理能力をできるだけ向上させ，それでいて物流コストをどれだけ低減できるかである。

周知のとおり，1960年代は高度経済成長期であり，好景気が続いてい

---

[5] 中田信哉（2003）「物流概念の誕生」『現代物流システム論』有斐閣。

た。また，人件費も向上していたため，物流においても機械化が進み，大型トレーラー，フォークリフトなどの車両，立体自動倉庫，自動仕分け機，自動包装機などの導入が進んだ。これによって人手不足が解消され，少人数で作業ができることになり，労働生産性は高まった。すなわち，処理能力の向上と物流コストの削減を可能としたのである。この時期は，大量に輸送すれば1個あたりのコストが低減できた。大量生産・大量物流・大量販売の仕組みを構築した時期であったといえる。

〈2〉多頻度物流の時期

　高度経済成長期は年々，生産量が増大し，物流量も増大し，販売量も増加していった時代である。よって処理能力の向上と物流コストの削減では，処理能力の向上が優先される傾向にあった。生産量は増加すればするほど規模の経済性からコストは低下する。よって生産量・物流量・販売量が増大する中では，ムダを排除しなくても，処理能力の向上によって物流コストが下がる。

　しかし，1973年に起きたオイル・ショックを機に消費者行動が変化したといわれている。オイル・ショックによって不況になったのだが，景気が回復しても以前のような販売量の増加が起きなくなった。1975年に発刊された日本経済新聞社の『消費者は変わった―"買わない時代"の販売戦略』では，これまで画一的に見なしてきた消費者像が見えなくなっている様を記している[6]。その「はしがき」では，「価値観の多様化や漠然とした不安感が，消費者の行動を複雑にし，売り手を混乱させている。」と指摘する。

　現在の私たちは，消費者としてそれぞれの購買に対する価値観の違いによって，価格で商品を選択する人，品質を重視して商品を選択する人などさまざまである。その消費は商品によっても異なる。ファッションに費や

---

[6] 日本経済新聞社編（1975）『消費者は変わった―"買わない時代"の販売戦略』日本経済新聞社．

す人，食に費やす人，車やアクセサリー，趣味など，消費者の購入意識は多様化した。またムダに買うこともなくなった。

　これ以降，これまでのように生産量・物流量・販売量の増加は起きなくなった。また消費者の多様化により，生産者は少品種大量生産から**多品種少量生産**へと移行する。冷蔵庫・洗濯機などの生活家電を白物家電と呼んでいたが，これは生活家電の色が白色であったからである。現在ではさまざまな色の生活家電がある。これも消費者が多様化してから，すなわち1970年代半ば以降から多様化した商品が増加する。

　生産量の増大が止まると必然的に物流量の増大も止まる。流通業者の関心は，処理能力の向上から物流コストの削減に移行することになった。そもそも生産量の増大とともに処理能力を向上させることで，それ以前よりも物流コストは低減していた。また，生産方式が少品種大量生産から多品種少量生産へと変化したことも，流通の考え方をあらためるきっかけとなった。

　多品種少量生産によって，小売業者はこれまでよりも多くの商品を用意することが必要になる。たとえば，各生産者がこれまで1種類であった商品を3種類に増やすことで，店舗は3倍の商品を配することになる。もちろん，3種類の中には売れるモノと売れないモノがあるわけだから，これまで以上にリスクが高まる。

　多様化した消費者が増え，多品種少量生産に変わった時代には，小売業者は少量の商品をできるだけ早く柔軟に配送してもらいたい。適時適量の配送と在庫である。それでいて，物流にかかる経費の上昇は商品の価格に転嫁しなくてはならないため，物流コストの上昇は避けたい。**規模の経済性**から**速度の経済性**への移行である。規模の経済性とは，物流においては大量に輸送すれば1個あたりの輸送コストが低減できるということである。速度の経済性とは，在庫回転率の向上である。在庫回転率を向上することによって，品切れや過剰在庫を減らし，それによるコストが減少する。

ここにおいて各機能の能力向上とコスト削減だけでは、こうした要望に答えられなくなった。商品種類が増える中、小売業者は売れるモノの在庫は多量に確保し、あまり売れないモノは少量に確保する。そして売れなくなるモノは早めに見切ることが必要になる。そうすることで不規則で変則的な配送やその回数を極力減らすことができる。しかし、それは容易なことではなかった。

単品管理は、イトーヨーカ堂が1973年にはじめたといわれている[7]。単品管理とは、1つひとつの商品の販売個数と在庫数を正確に把握する商品管理手法である。実際にそれが不都合なく機能するのは、1982年にPOSシステムを導入してからだが、この時期はこうした取り組みが必要とされた。しかし、中小零細小売業者はそうした商品管理を行えない。そのため、卸売業者の協力を得ての実施となった（**リテールサポート**）。

もちろん、大量生産のときのような「輸配送」、「包装」、「保管」、「荷役」、「在庫管理」などの各機能が、個別に生産性の向上を目指す流通の様式では期待どおりにはいかない。物流の各機能の**個別最適化**からそれらを統合する**全体最適化**が必要になった。しかしそれは、今日のサプライチェーンとして考えるような流通全体から検討するようなものではなかった。あくまで企業内の部門統合と考えるのが妥当だろう。それぞれの企業で物流にかかわる各機能の統合から物流コストを低減させようという試みが起きる。

ところで、流通全体の最適化を図る以上、流通を統括する部署が必要になる。またその部署の役割として、「輸配送」、「保管」などを行う流通に関係する部署の調整がある。また、コンピュータによる管理システムでも、

7）邊見によれば、イトーヨーカ堂よりも先にベニマルが「単品管理」を実施していると指摘している。邊見敏江（2008）「イトーヨーカ堂の「単品管理」」『MMRC Discussion Paper』（東京大学21世紀COEものづくり経営研究センター），No.189。
http://merc.e.u-tokyo.ac.jp/mmrc/dp/pdf/MMRC189_2008.pdf

オンライン受発注システムと在庫管理などの流通に関係するシステムを統合することも必要になる。1980年代以降，物流管理本部やロジスティクス本部のような自社の各部門を調整し統括する部署が，多くの企業で確認されるようになる。

　ここではトラック輸送を考えてみる。1回あたりのコストを考えると大量に輸送をしても少量の輸送をしても，輸送1回あたりのコストはほとんど変わらない。よって，輸配送だけを考えると，1回あたりに大量に輸送し，少ない回数で輸送したい。しかし，**在庫管理**では，在庫量が多くなれば多くなるほど倉庫スペースも大きくしなければならない。在庫管理コストとしては，商品の在庫の管理，在庫の探索，在庫を運ぶ従業員の人件費，照明や冷蔵・冷凍などの光熱費，また災害時等の保険料などがある。長期間の保管により商品が劣化することや，商品によっては季節物で価値が劣化する場合もある。よって在庫管理だけを考えると，余剰在庫はリスクも高く，少ない方がよいことになる。大量に輸送されるということは，在庫も増大することになる。

　このように輸送コストの低減を考えれば，一度に大量の輸送をすればよい。しかし，在庫管理コストの低減を考えれば，必要な分を必要な量だけ輸送し，在庫を減らせばよい。それぞれは**トレードオフの関係**にある。トレードオフの関係とは一方を追求すれば，もう一方を犠牲にしなければならないということを意味する。

　各部門による調整と統括による流通の全体最適化を，図表3-1で説明する。本来はより複雑であるが，簡略化した。

　1配送あたりのコストを30万円，在庫コストを1個あたり100円，総配送量は40万個とする。1回あたりの配送量は大量物流では8万個，多頻度物流では4万個と仮定する。よって，**大量物流**では5回，多頻度物流では10回輸送が必要であり，それぞれ150万円と300万円である。これから輸送コストは大量物流の方が低いことがわかる。

《図表3-1　大量物流と多頻度物流の総コスト》

1配送あたりのコスト：30万円，在庫コストは1個あたり100円として

大量物流の場合	配送回数：5回 配送量：8万個 平均在庫量：4万個	多頻度物流の場合	配送回数：10回 配送量：4万個 平均在庫量：2万個
配送コスト：5回×30万円＝150万円		配送コスト：10回×30万円＝300万円	
在庫コスト：4万個×100円＝400万円		在庫コスト：2万個×100円＝200万円	
	総コスト：550万円		総コスト：500万円

　大量物流で輸送すれば，少量を**多頻度物流**した場合よりも，在庫量は多くなる。大量物流では平均4万個，多頻度物流では平均2万個の在庫量があったと仮定する。この場合，在庫コストはそれぞれ400万円，200万円となる。流通の総コストは大量物流が550万円，多頻度物流が500万円であり，多頻度物流の方が総コストは低いという結果になる。

　もちろん，これは簡略化したものであり，実際はもっと複雑である。また販売量が一定であるという保証もない。季節によっても異なるかもしれないし，発売からの期間によって，販売量の増減もあるだろう。在庫コストも季節によって異なることもある。そのため，流通全体のコスト計算は定期的にシミュレーションする必要がある。

3　物流・ロジスティクス・SCM

　現在，物流で知られる物的流通の概念は，工業化による大量生産がピークを迎える1960年代に米国をモデルとして，日本で広がったことを説明した。当初は，物流の機能別に能力と効率性を拡大していった。それは成功したといえるだろう。

　物流の機能としての「輸配送」，「保管」，「荷役」，「包装」，「在庫管理」，

「流通加工」などは存在していた。それまでも生産だけをしていたわけではなく，それを消費者に届けるために，それぞれの部署においてこれらの機能を有しているのは当然であった。しかし，経済や産業の成長において，生産量の増大に流通が阻害要因と指摘されていた。そのため，これら各機能をシステムとして統合するという意図をもって，米国から**物的流通**（physical distribution）という概念を拝借した[8]。

ところが，実社会では物的流通という言葉が普及しながらも，それまでの各機能はそれぞれ独立して能率性と効率性を高めていった経緯がある。図らずも各機能単位で生産性が向上したことによって，また行政が物的流通のインフラを支援したことから，阻害要因となっていた物的流通の問題がある程度は解消されたからだろう。生産量の増大と大量物流により，流通コストが低下した。

しかし，大量生産から多品種少量生産に変わり，小売業者や卸売業者はこれまで以上に在庫量に関心を持たざるを得なくなる。もちろん，生産者もどの程度生産すればよいのか，どの程度在庫を確保しておかなければならないのか，関心を持たざるを得ない。

適時適量の配送を望み，それに適した**多頻度物流**になることで，それまでの本来の意味をなしていない物流システムに関心が持たれるようになる。実社会においても，物流の各機能を統合したシステムとして考慮されるようになる。すなわち機能ごとの活動から，物流体系という総体からマネジメントすることの必要性である。

物流にコンピュータを利用することも1970年代後半には確認されるようになる。大手製造業者では物流情報システムとして，各活動，また拠点ごとにコンピュータによるデータ処理が行われている。物流におけるオンライン処理やリアルタイム処理も，この頃には利用されるようになってい

8）中田信哉（2003）「物流概念の誕生」『現代物流システム論』有斐閣。

る。生産情報や販売情報，そして各拠点の在庫量なども伝達されるようになった。もちろん，各種計算処理にも利用されている。こうしたコンピュータの利用は，オイル・ショック以降に変化した消費者に対応した**多品種少量生産**とほぼ時期が重なっており，各活動を調整，統括し，流通全体を管理する上で大いに役に立ったといえる。1970年代後半から1980年代にかけては，高度経済成長期を終え，経済安定成長期の時期であった。

　1980年代半ばに**ロジスティクス**という概念が登場する。戦略的物流と呼ばれることもある。これまでの物流にとどまらず，拠点配置やマーケティングなどを総合的に考慮して，物流を経営上の重要な要素と位置づけるものである。生産，営業・販売などの情報を総合的に勘案することが要諦である（図表3‐2）。ロジスティクスが登場してから「情報を制するものが物流を制する」，「物流を制するものが企業競争を制する」などのキャッチフレーズも生まれるようになった。

　ところで，ロジスティクスは兵站（へいたん）と訳される。兵站とは，戦場において軍事物資の補給，輸送，管理に関することである。前線に武器や弾薬，食糧などを届けるためには，そこまでどのようにして届けるのか，どの程度の間隔で，どの程度の量を届ければいいのかを検討しなければならない。多すぎると戦場では身動きが取れなくなってしまうし，少な

図表3‐2　物流とロジスティクスのイメージ図

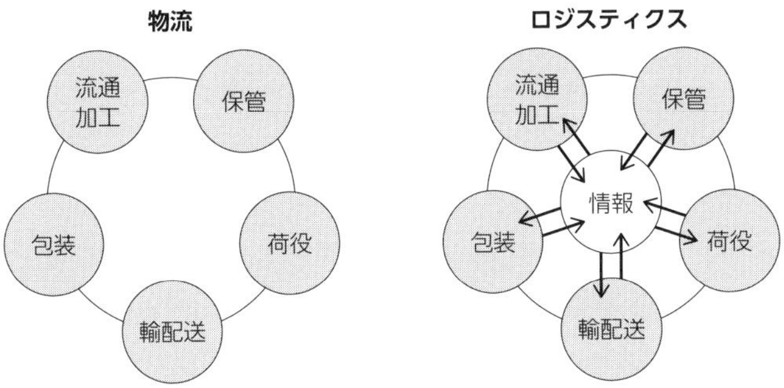

すぎると全滅の危機がある。そのため、「必要なモノを」、「必要なときに」、「必要な量だけ」、「必要なところ」に届ける必要がある。こうした考えを物流に応用したものがロジスティクスである。

　それを実現するためにコンピュータが利用された。以前は高価なコンピュータが必要で、物流のシミュレーションをコンピュータ処理することは難しかったといえる。物流シミュレーションのための**オペレーションズ・リサーチ**（Operations Research：**OR**）にも関心が集まるようになる。ORとはアルゴリズムや数学・統計モデルを利用し、最適解を見つける科学的技法である。**戦略的情報システム**（Strategic uses of Information Systems：**SIS**）の登場と同時期である。SISは単なるコスト削減や作業の効率化ではなく、競争優位性を確保するためにコンピュータを利用しようとする概念である。多品種少量物流の仕組みは流通への関心を高める契機にもなった。

　1990年代後半には**サプライチェーン・マネジメント**（Supply Chain Management：**SCM**）が登場する。ロジスティクスでは、企業単体で行っていたが、それでは限界がある。**図表3-3**にサプライチェーン・マネジメントの範囲を示す。また**図表3-4**に、実社会における物流、ロジスティクス、サプライチェーン・マネジメントの対象範囲の違いについて記す。

　物流では、物流に含まれる「輸配送」、「包装」、「保管」、「荷役」、「在庫管理」などの機能のそれぞれで最適化を目指していた。ロジスティクスではそれらの機能を統合化し、企業として全体最適化をしたといえる。サプライチェーン・マネジメントでは、企業単体の物流効率化ではなく、消費者に届ける商品に関するすべての企業を流通で統合することを目指す。そのため、サプライチェーン・ロジスティクスと呼ぶ場合もある。

　サプライチェーン・マネジメントは流通に関する企業を一体化させ、製造から販売までを有意に効率化することにあるといえる。しかし、それには取引に関する事柄を統一しておく必要がある。企業間の取引では発注

図表3-3　サプライチェーン・マネジメントの範囲

図表3-4　物流，ロジスティクス，サプライチェーン・マネジメントの対象範囲

	物流	ロジスティクス	サプライチェーン マネジメント
統合・効率化の範囲	物流機能単位（部署）	企業ごと	流通全体

書，納品書，請求書などの書類が必要である。こうした書類は各企業で多種多様であるのが現実である。そのために，**電子データ交換**（Electronic Data Interchange：**EDI**）がある。EDIではデータ通信のための通信プロトコルや取引に関する各種書類の標準化が行われる。詳細については第2部のサプライチェーン・マネジメントを参照願いたい。

サプライチェーン・マネジメントとは，情報技術の利用によって実現するマネジメント手法であり，資材の調達から製造，販売，そして消費者に至るまでの一連のプロセスをサプライチェーン（供給連鎖）と捉え，サプライチェーン全体で在庫やリードタイムの最適化を目指すものといえるだろう。そのためには消費者のニーズや購買動向を捉え，速やかに流通の上流に情報を伝達する必要がある。これは生産と流通のギャップにおける「情報」と「時間」のギャップを解消するための試みといえる。

サプライチェーン・マネジメントはチャネル・メンバーの一体化により，消費者ニーズの汲み上げ，流通上の情報の一元化，生産・在庫量の調整に役立つと考えられる。

第4章

問屋物流・
共配物流・
一括物流

卸売業者と小売業者の関係について論じる。**問屋物流**とは、これまで述べてきたような、一般に理解されている各卸売業者から小売業者に納品される形態である。**共配物流**とは卸売業者と小売業者の間に物流センターを置き、各メーカーや卸売業者は物流センターに届け、そこから各店舗に納品する形態である。**一括物流**も卸売業者と小売業者の間に、小売業者が持つ物流センターを置く。ただし、一括物流は一時的な中継拠点に加えて、冷蔵・冷凍などの温度帯別の保管庫を有し、メーカーなどの生産者から直接納品も受けられる。この一括物流センターから各店舗に納品する形態である。

問屋物流、共配物流、一括物流のどの形態にするかは、ほとんどの場合、店舗規模に応じて選択される。一般には単独店舗、複数店舗、本部機能のあるチェーンストアなどの店舗展開の規模に応じてそれぞれの形態を選択しているようである。

第2章の取引総数単純化の原則で説明をしたが、あらためて、**図表4-1**に、製造業者、卸売業者、小売業者の関係を記し、卸売業者の役割を示

《 図表4-1　製造業者・卸売業者・小売業者の関係 》

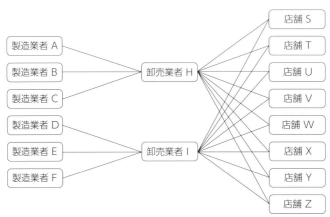

した。スーパーやコンビニエンスストアのような多品種を取り扱う小売業の場合，商品構成の総合化と品揃えの拡大によって，仕入れ先は煩雑になる。卸売業者は商品種別によって，専門化している。そのため，取扱商品の範囲を広げると複数の卸売業者と取引する必要がある。そのため，物流センターのような中継拠点を保持する小売業者が登場することになる。

本章では卸売業者と小売業者の関係について述べる。

1 問屋物流

一般に理解される卸売業者と小売業者の関係は，図表4‐2のような形態だろう。第2章で説明したように，基本的な流通の説明ではこのように説明している。

問屋物流では，個々の卸売業者から個々の小売業者に納品される。チェーン店を持たない個人商店（家族中心の店舗）ではこうした物流形態をとる。そのため，取扱商品を広げると複数の卸売業者から商品が搬入され，煩雑になってしまう。一般には個人商店は卸売業者一社と取引をし，その卸売業者の扱う商品を販売することが多い。

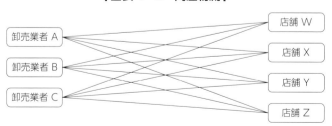

≪図表4‐2　問屋物流≫

2 共配物流

共配物流とは共同配送物流のことである。共配物流では物流センターに各卸売業者が納品し、それから各店舗に配送する形態である。物流センターを共同センター、あるいは共配センターと呼ぶ場合もある。

図表4-3に共配物流を示す。取引先の卸売業者からの納品を1ヵ所に集荷し、まとめて各店舗に配送するため、店舗では一括荷受、および検品が可能となり、店舗での納品作業のコストや煩雑さが軽減できる。また、複数の店舗の商品を混載して配送する混載配送を行えるため、配送トラックの積載効率も高められる。物流センターでは卸売業者との対応（伝票などの事務手続き作業）、店別の仕分けなどを行う。すなわち、荷受、仕分け、配送の点でコストが削減できる。

共配物流のための物流センターを自社で持つ小売業者は、多店舗展開をするチェーンストアによく見られる。卸売業者からの受け取りを店舗で行うコストに見合ったものでなければ、物流センターを持つ意味はない。そのため、チェーン展開し、物流センターから届けられる距離に多くの店舗を持つ小売業者がこの形態を持つ。また、卸売業者や運送会社が自社の取引先である未だチェーン展開をしていない中小零細小売業者への物流センターとして持つ場合もある。

《図表4-3 共配物流》

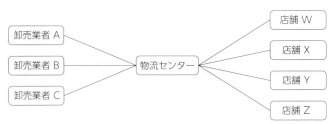

1990年代以降，サード・パーティー・ロジスティクスが注目されるようになると，物流センターとその機能を提供する物流業者が数多く登場した。物流センターとその機能をアウトソーシング（外部委託）することで，多店舗展開をしていない小売業者も利用することが可能になる。

後述する一括物流も共配物流の一種ではあるが，あえて区別する場合，共配物流は複雑な配送に対応していない。また冷蔵・冷凍の保管機能を持たないことを意味することがある。

3 一括物流

一括物流を行う物流センターは，通過型センター（Transfer Center：TC）と在庫保管型センター（Distribution Center：DC）を持つ。これ以外にも加工センター（Process Center：PC）や加工・在庫保管型センター（Process Distribution Center：PDC）の機能を持つことが多い（図表4-4）。

TCは，複数の卸売業者から届けられた商品を店舗別，商品別に仕分けを行い，出荷するものである。DCは，倉庫機能を持つセンターである。食料品には温度帯管理が必要であり，少なくとも常温・冷蔵・冷凍の3温度帯で管理しなければならない。そのため，それぞれの温度帯の倉庫が必要である。6温度帯に対応したDCを持つ物流センターもある。DCを持つことで長期保存が可能になり，すべての商品の取り扱いができ，納品できるようになる。

一般に少量多頻度配送は卸売業者がその機能を持っている。長期保存が可能なDCがあることで少量多頻度の配送をしない製造業者からも，直接取引が可能になる。小売業者にとって，DCは自社専用の卸売業者とみなすことができる。

PC，あるいはPDCは流通加工と保管する機能を持つ。食品スーパーな

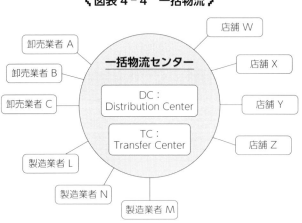

《 図表 4-4 一括物流 》

どでは，鮮魚，精肉，生鮮農産物の切り分けや加工，計量，そしてパック詰めをする機能を PC や PDC で持つこともできる。

　大手小売業者が一括物流センターを持つことで，2000 年以降，**問屋不要論**が登場したのだろう。なぜなら，すべての商品を，卸売業者を介さずに製造業者から納品することも可能になったからである。ただし，その場合，卸売業者が行っていた適正在庫量や適正量の発注といった高度な意思決定も必要となる。

　実際はこうした一括物流センターを大手卸売業者にアウトソースしていることが多い。卸売業者では，特定小売業専用の物流センターを専用物流センター，複数の小売業者に納品する物流センターを汎用物流センターと呼ぶ。先の**サード・パーティー・ロジスティクス**の物流センターは汎用物流センターである。

　ところで，今日ではネットショッピングの普及から，受発注の配送センターが重要になってきている。たとえば Amazon のような大手通販事業者では，相当の量の受発注や配送作業があることは想像できるだろう。**ロングテール理論**で知られるように，リアル店舗よりも膨大な商品数を取り扱

うことがネット通販事業者の強みである。

リアル店舗では売場面積の関係上，売れ筋商品を中心に限られた品数を取り扱うのに対して，ネット店舗では売場面積を気にせずにあらゆる商品を取り扱うことができる。ほとんど売れないような商品（テール商品と呼ぶ）まで取り扱っている。こうしたネット通販の強みを表す考え方をロングテール理論という。「ネットではお店で売っていないものまで取り扱っている」といわれる所以であり，強みでもある。

よって，ネット通販事業者は膨大な商品の在庫を管理する必要があり，また店舗ではなく，個々の消費者宅に配送するわけだから，物流センターの作業もまた膨大なものになる。

こうしたネット通販事業者の物流センターをフルフィルメントセンター（Fulfillment Center：FC）と呼ぶ。FCの役割は在庫管理，顧客管理はもちろんのこと，入出荷の工程管理や梱包，ピッキング作業，返品対応，クレーム対応，自動化する機械装置のメンテナンスまであらゆることに対応できなければならない。

4 共配物流・一括物流による出店計画

ロジスティクスが兵站と呼ばれるように，店舗出店の際は物流拠点をあらかじめ確保しておく必要がある。そうしなければ，間断なく販売する商品を店舗に納品することはできない。よって，コンビニエンスストアなどの物流センターを使用する小売業者はあらかじめその施設を建設し，また物流センター業務が滞りなく行えるように準備しておく。その後，出店がはじまる。

ただし，1店舗，2店舗の出店では物流センター建設の初期費用，そして維持管理費などのランニングコストの採算が取れない。よって小売業者

《図表4-5　ドミナント出店》

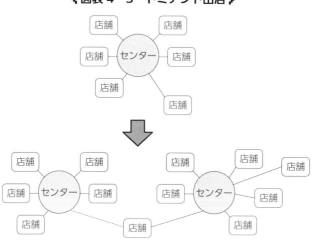

は，物流センターから届ける店舗を集中的にそして多数出店することになる。これを**ドミナント出店**，ドミナント戦略，あるいはドミナント方式などと呼ぶ。

図表4-5に図を示す。上部では物流センターから届ける店舗を表しているが，出店していくうちにその中で距離の離れる店舗が出てくる。その後，下部のようにまた新たに物流センターを作り，その周辺に店舗を集中的に出店していくことになる。

こうしたドミナント出店の形態をとるものとして，他にもファミリーレストランなどの外食チェーン店がある。外食チェーン店では**セントラルキッチン**（集中調理施設）を用意し，そこで調理をほぼ完成させる。店舗では最終加工，盛りつけなどを行うだけで済むようにしている。

5 卸・物流センターと食品流通

　ここではこれまでの物流センターの説明から、具体的な事例を紹介する。日本政策金融公庫の『AFCフォーラム（2014年12月号）』「特集 進化続ける食品流通の今」をもとに食品流通を説明する[9]。

　イトーヨーカ堂の物流形態を図表4-6に示す。イトーヨーカ堂では、地域ごとに窓口となる卸売業を決め、その卸売業者が自社と他の卸売業者の商品を一括して各店舗に配送する。これを「窓口問屋制」と呼ぶ。たとえば、首都圏では4つのエリアに分け、4拠点それぞれの共同配送センターでそれぞれ異なる卸売業者が窓口となっている。首都圏のグループ会社約180店舗に一括配送できる体制にある。これら4拠点の共同配送センターは、図表4-4で示したDCを持つ。首都圏以外の配送店舗数の少ない地

《図表4-6　イトーヨーカ堂の物流》

```
        イトーヨーカ堂
    ┌──────┼──────┐
  メーカー  メーカー  メーカー
    │      │      │
    ↓      │      ↓
    卸      │      卸
    │      │      │
    ↓      ↓      ↓
      窓口問屋
   （共同配送センター）
        │
        ↓
       店　舗
```

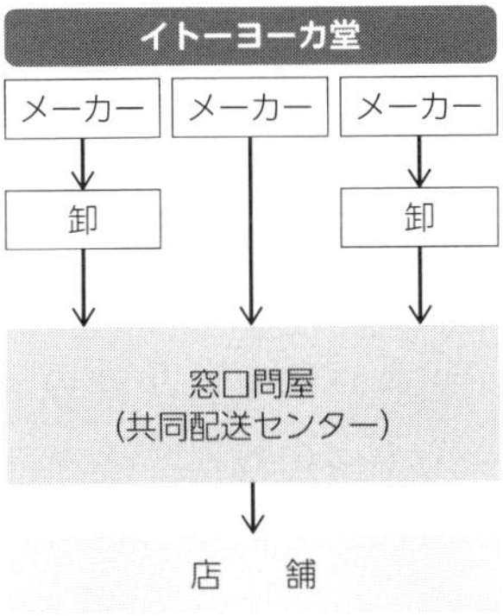

出所：木島（2014），p.4

9）木島豊希（2014）「特集 進化続ける食品流通の今　大手総合スーパーに学ぶ食品物流の革新」『AFCフォーラム』（日本政策金融公庫），12月号，pp.3-6。

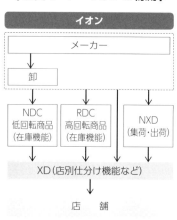

《図表4-7　イオンの物流》

出所：木島（2014），p.4

域では，図表4-3のいわゆるTCとして共同配送センターを設置している。

また配送では売場通路別に仕分けられ，加工食品はカテゴリー一括納品がされる。カテゴリー一括納品とは棚割の標準形式が決まっていることが前提であるが，1棚に対して1コンテナで納品する。これにより，店内作業が効率化される。

次にイオンの物流を見る。イオンでは，図表4-7のような仕組みになっている。

DCを低回転商品のNDC（National Distribution Center），高回転商品のRDC（Regional Distribution Center）に分けている。NDCは全国の店舗に供給する低回転商品の保管と出荷を担い，RDCは担当エリアの店舗に供給する高回転商品の保管と出荷を担う。またTCをNXD（national dock center），XD（cross dock center）に分けている。NXDは在庫機能を持たず，全国の店舗に供給する商品の取引先からの集荷と出荷を担い，XDは在庫機能を持たず，担当エリアの店舗に供給する商品の荷受，店別仕分け，店舗への配送を担う。

イオンではDCとTCをそれぞれ商品の回転率から考えている。たとえば，仙台RDCではRDCとXDの機能を備えており，関西NDCではNDC,RDC，NXD，XDの4つの機能のすべてを備えている。このように全国の拠点を店舗数や拠点の位置から，物流センターにどの機能を持たせるのか判断しているのだろう。

物流センターの管理・運営などは，イオングローバルSCM株式会社が担っている。イトーヨーカ堂と異なり，メーカーとの直接取引を意図しているためだろう。物流センターの運営を専門の卸売業者に任せず，自社のグループ会社が行うことで，流通の多段階化を排除する狙いがあることがうかがえる。よって，イトーヨーカ堂は卸売業者が物流センターおよび配送業務を行っているのに対し，イオンでは卸売業者ではなく自社のグループ会社で行い，物流（配送）業者に物流業務を委託している。

イトーヨーカ堂では窓口問屋制を取り入れ，商流と物流を分離した仕組みを構築した。カテゴリー一括物流など，店舗を起点にしたサプライチェーンを構築している。イオンはグループ会社に物流センターの管理・運営を任せて，物流機能をコントロールすることを意図している。物流の専門である卸売業者と良好な関係を構築し，卸売業者を活かすイトーヨーカ堂と，物流機能を自社に取り込み，物流の川下全体のコントロールを意図するイオンという違いがある。一概に，いずれの仕組みがよいとはいえない。それぞれの考え方の違いである。コストとサービス，そして柔軟性が物流機能において重要である。

6 延期と投機

大手小売業者が自社の物流センターを設置する理論的背景として，延期と投機の原理がある。延期と投機の概念は，オルダーソン（1957）の延期

の原理からはじまるといわれる[10]。その後，バックリン（1965）が延期と投機の原理として体系づける[11]。

　延期（postponement）とは，製品の完成（最終加工）と在庫をできるだけ消費者に近い地点まで引き延ばすことを意味し，**投機**（speculation）とは消費者から遠い地点で製品の完成（最終加工）と在庫を行うことを意味する。

　図表 4 - 8 を用いて，延期と投機を製品加工の例で説明する。

　延期では，製品の最終加工を図の札幌工場，沖縄工場，AL 工場，WY 工場などで行う。そのため，現地の消費量や地域のニーズに合わせて最終加工，生産調整ができる。よって，受注生産，分散生産に対応でき，実需に合わせて生産と納品を行える。各地に生産工場が必要になるため，生産者のコストは大きい。

　投機では，まとめてすべての消費者向けに生産することになる。大量生産による規模の経済性の追求が可能ということである。そのため，延期よりも生産コストは低くなるが，生産場所から小売業者への輸配送に時間がかかるため，集中・見込み生産を行う必要がある。よって，実需にあった生産を行うことは難しい。見込み生産であることから，作りすぎによる過剰在庫や品切れが発生する可能性も高い。在庫コストは投機の方が大きいといえる。

　一般に，地域間の量的・質的ニーズが異なる場合や需要変動が大きいものの場合は延期が適している。需要変動が少なく，定番商品であり，地域間のニーズに違いがないような商品の場合は投機が適している。

---

[10] Alderson, W. (1957) *Marketing Behavior and Executive Action*, Richard D. Irwin, Inc. (石原武政，風呂勉，光澤滋朗，田村正紀訳（1984）『マーケティング行動と経営者行為』千倉書房）

[11] Bucklin, L.P. (1965) Postponement, Speculation and the Structure of Distribution Channels, *Journal of Marketing Research*, Vol. 2, pp.26-31.

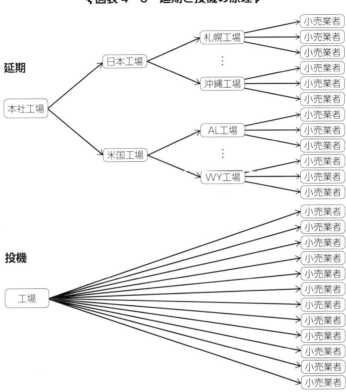

《 図表 4 - 8　延期と投機の原理 》

　大手小売業者や大手外食チェーンが，物流センターやセントラルキッチンを店舗周辺に置き，物流の拠点にするのは延期を採用しているからである。小売業者で最終流通加工を物流センターで行うのは，できるだけ実需にあった量だけを商品とし，廃棄を少なくしたいことにある。外食チェーンのセントラルキッチンも同様の意図があるといえる。

　今日，不確実性が高くなっている。そのため，延期を用いる場合が多い。**ロジスティクスやサプライチェーン・マネジメント**では延期の考えが取り入れられていることが多い。

7 取引コストと取引の内部組織化

1991年にロナルド・コースが、取引費用に関する研究でノーベル経済学賞を受賞している。取引コストの研究は、1937年にはじまるといわれる[12]。その後、関心を集めるようになったのは1970年代以降からであろうか。最も著名なものとして、オリバー・ウィリアムソンがそれを発展させた[13]。

取引コストの理論を端的にいえば、

「取引には取引コストがあり、取引コストを節約する方向で組織が編成される」

ということであろうか。フレーズだけを見れば当然のことである。取引コストには取引価格はもちろんのこと、取引先を探すための時間や労力といったコスト、価格交渉などの手間、新規事業の場合は市場参入のコスト、撤退するときは退出コストなどがある。退出コストには市場参入時の開発コストや設備投資などの回収することはできないコストがある。これを**埋没コスト**と呼ぶ。

これらすべてを考慮した上で、「取引には取引コストがあり、取引コストを節約する方向で組織が編成される」ための意思決定が必要になる。

これを発展させ考えてみると、

---

[12] Coase, R. H. (1937) The Nature of the Firm, *The Firm, the Market, and the Law*, University of Chicago Press, pp.33-55.（宮沢健一，後藤晃，藤垣芳文訳（1992）『企業・市場・法』東洋経済新報社，pp.39-64）
[13] Williamson, O. E. (1975) *Markets and Hierarchies*, The Free Press.（浅沼萬里，岩崎晃訳（1980）『市場と企業組織』日本評論社）

「市場（つながりのない会社間）での取引にかかわる費用が，内部組織（強固なつながりを持つ会社（グループ会社，会社内））よりも高いならば，取引は内部組織化する方向に向かう」

と理解される。

しかし，あらかじめ，市場での取引がどの程度のものであるかは正確に判断することができない。そもそも，自社に必要な資源（ここでは原材料，部品などの取引するモノを「資源」で表す）を持つ企業があるのか，またあったとしてその企業と取引ができるのか，どのような取引条件が必要か，またその企業は信用できるのかといった問題などもある。信用できないのであれば，その企業を監視することやリスクヘッジなども検討しておかなければいけない。これもコストになる。

また取引が開始され，事業が軌道に乗ってから，突如として取引が困難になることはないのかなどということも，可能性としてはある。こうしたことについての問題は「**限定された合理性**（bounded ratinality）」から説明が可能である。私たちは限定された（bounded）範囲（知り得る範囲の情報を持っているだけで，すべての情報を手に入れるわけではない）においてのみ，合理（rationality）的な判断ができる[14]。

もちろん，これは内部組織にもいえるだろう。必要とする資源を内部組織で用意できるのか，またそれにはどの程度の費用と労力，時間がかかるのかは正確にはわからない。その上で，「市場（つながりのない会社間）での取引にかかわる費用が，内部組織（強固なつながりを持つ会社（グループ会社，会社内））よりも高いならば，取引は内部組織化する方向に向かう」という意思決定を行う必要がある。

---

[14] Simon, H. A. (1957) *Administrative behavior: A study of decision-making processes in administrative organization*, Macmillan.（松田武彦，高柳暁，二村敏子訳（1965）『経営行動』ダイヤモンド社）

それに加えて，取引コストの検討には，市場環境および対象企業の行動の不確実性なども関係するため，正確には判断できない。

 また資源の特殊性も考慮する必要がある。必要な資源が特定の企業からしか入手できないのなら，考慮するまでもなく，市場（特定の企業）から調達しなくてはならない。

 必要な資源が内部組織で調達できるとしても，膨大な投資が必要である，入手するまでに時間が必要である，高度な技術者が必要であるなどのさまざまな要因がある場合，それをもってしても内部組織で行う必要があるのかということも考慮しなくてはいけない。もちろん，その資源がなくてはならないものであり，長期的に必要とするものならば，取引コストが増大しても内部組織化することも選択肢としてある。

 整理すると，環境の不確実性は，限定された合理性により，情報伝達・再交渉・活動調整などで取引コストが増大する。行動の不確実性は，取引相手が契約どおりに履行するかといった問題がある。資産の特殊性は，先の例に加えて移転可能性が低い資源の場合，埋没コストの可能性が大きい。

 「5 卸・物流センターと食品流通」でイトーヨーカ堂とイオンの物流センターの違いを説明した。イトーヨーカ堂では，物流センターの運営・管理を卸売業者に任せている。イオンでは物流センターの運営・管理を，イオングローバル SCM 株式会社を設立し，内部組織化した。こうした判断の意図は取引コストの理論から説明することができるだろう。

第5章

マーケティング・チャネル

1 マーケティング・チャネルの組織形態

　マーケティング・チャネルについては，第2章で説明した。流通には生産者から消費者に製品を届けるために，多様な流通経路が存在している。この流通経路を**マーケティング・チャネル**と呼ぶ。メーカーにとって，マーケティング・チャネルの選択は重要であり，自社の製品の特質を考慮しながら，適切な選択することが求められる。この章では，もう少し深く考えてみる。

　マーケティング・チャネルは，消費者に届けられる製品に対して何らかの関与をする異なる企業群によって構成されている。これらの企業をチャネル・メンバーと称するが，このチャネル・メンバーは，流通過程において相互依存関係を持っている。

　自動車産業を例にすれば，自動車メーカーは，部品会社に質の高い部品を提供してもらい，ディーラーが積極的に販売し，質の高いサービスやメンテナンスを行うことで高い評価を得ることができる。ディーラーは，自動車メーカーが消費者ニーズに応えた質の高い製品を開発することで，より多くの自動車を販売できる。また，修理や点検時の部品調達をスムーズに行うことも必要である。自動車メーカー，取引する部品会社などの関連会社の協力があって，より多くの製品を販売することができるし，顧客に良質なサービスを提供することができる。部品会社も同様に，消費者ニーズに応えた製品を開発し，ディーラーに多くの自動車を販売してもらうことによって，より多くの部品を購入してもらえることになる。

　チャネル・メンバーが一体となってよい関係を築き，協力することが，結果として個々の企業への恩恵となり，成長につながる。

　ところがマーケティング・チャネルにおける個々のチャネル・メンバーは，マーケティング・チャネル全体を考えて行動するとは限らない。チャ

ネル・メンバーはそれぞれが独立した企業体であり，個々の企業からみれば，他のチャネル・メンバーは取引相手である。売り手としてはできるだけ高く売りたいし，買い手としてはできるだけ安く買いたいのが本音である。こうしたことからマーケティング・チャネル内では，企業間に対立的な交渉がしばしば起きることになる。

　互いに協調すべきと理解してはいても，結果としてマーケティング・チャネル内に**チャネル・コンフリクト**を招いてしまうのである。チャネル・コンフリクトとは，マーケティング・チャネルに所属するメンバーが利己的行為によって，他のメンバー，あるいはマーケティング・チャネル全体の利益を損なう行為をしていると認知される状況を示す。

　よって，マーケティング・チャネル全体が互いに協調し，チャネル・コンフリクトを解消するための仕組みが必要になる。それがチャネル・メンバーを統率するチャネル・リーダーの存在である。チャネル・リーダーは，マーケティング・チャネル内で最も影響力を持つ企業のことであり，そのパワーの源泉を頼りにチャネル・メンバーを統率する。それによって，マーケティング・チャネル全体で一体となった消費者対応が可能になる。

　こうした統率を持つマーケティング・チャネルを垂直的マーケティング・システムと呼ぶ。またそれとは反対に，統率されず，生産から販売までの流通の各段階が，独立した生産者，卸売業者，小売業者で構成されるマーケティング・チャネルを伝統的マーケティング・システムと呼ぶ（図表5－1）[15]。

---

[15] Kotler. P and G. Armstrong (2001) *Principle of Markketing*, 9th edition, Prentice-Hall. (和田充夫監訳（2003）『マーケティング原理―基礎理論から実践戦略まで―』ダイヤモンド社)

第1部　流通システム

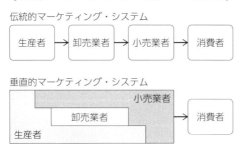

図表5-1　マーケティング・システム

出所：和田監訳（2003）

2 協働のための垂直的マーケティング・システム

　パワーの源泉から，垂直的マーケティング・システムの管理形態について説明する。**垂直的マーケティング・システム**は，以下の3つに分類される。

① 企業型システム
　チャネル・リーダーがチャネル・メンバー各社の資本を持ち，同一資本のもとで流通の各段階を統合する。

② 契約型システム
　チャネル・メンバーはそれぞれ独立した企業ながら，契約に基づいて統合されている。

③ 管理型システム
　市場に対する強力なパワーを持つ企業がチャネル・リーダーとして，そ

のパワーを頼りに統合する。

　自動車産業などに見られる系列型の企業集団は企業型システムと捉えることができる。国内の古くからある形態としては企業型システムの垂直的マーケティング・システムが多かったといえる。その後，小売産業や外食産業では**フランチャイズチェーン**などの契約型システムが散見されるようになる。

　しかし，情報化社会といわれる昨今では，チャネル・メンバーが切望する情報を持つ企業をチャネル・リーダーとした，管理型システムを踏襲する形態も見られるようになる。詳しくは第 2 部で述べる。

　垂直型マーケティング・システムは，チャネル・リーダーのパワーにより**チャネル・コンフリクト**の解消に役立つこと，それによってマーケティング・チャネル全体のパフォーマンスを最大化できること，そして何よりチャネル・メンバー全員を消費者に方向づけられることに意味を持つ。つまり，製販一体となった消費者対応が可能になる。

　これまでの垂直型マーケティング・システムでは，メーカーがチャネル・リーダーの役割を果たす場合が多くみられた。メーカーが価格をコントロールし，自社の製品を消費者により多く販売するための仕組みであったといえる。その様態にはいくつかあるが，たとえば，松下電器（現パナソニック）のナショナルショップ（現パナソニックショップ），いわゆる街の電気屋さんもその 1 つである。このような系列電気店は 1960 年代をピークに，他の家電メーカーにも波及した。メーカーによる垂直的マーケティング・システムは，マーケティング・チャネルがいまだ成熟していない時期は，消費者にとっても非常に意義のある仕組みであったといえる。

　ところがそうした仕組みも質的転換が必要になってきた。今日では，小売業者の大規模化と上位集中化，そして何より消費者志向の高まりが，マーケティング・チャネル全体に影響力を与えはじめた。チャネル内で最

も消費者の近くに位置する小売業者は，独自のプライベート・ブランドの商品開発を進め，その商品構成比率は年々増加してきている。

　チャネル・リーダーの影響力を示すパワー資源は，チャネル・リーダー自身の市場での地位，市場環境の変化によって有効性が消失することがわかっている。

第 2 部

サプライチェーン・マネジメント

第6章

企業を取り巻く環境の変化

1 サプライチェーン・マネジメント（SCM）とは

　SCM（Supply Chain Management）とは，文字どおりに訳すと供給連鎖管理である。第1部で紹介したように，流通は原材料から消費者に届く完成品までを一社で行っているわけではなく，複数（多く）の企業が，それぞれの企業の営利と目的のために，結果的に企業間で連携している。

　SCMとは，一般に「情報技術の利用によって，実現するマネジメント手法であり，資材の調達から製造，販売，そして最終顧客に至るまでの一連のプロセスをサプライチェーン（供給連鎖）と捉え，サプライチェーン全体で在庫，リードタイムの最適化を目指すもの」と理解されている。モノの流れ，財の流れのみならず，これまで以上に情報の流れ，いわゆる情流に関心が集まったと考えられる。そのため，近年急速に発展している情報技術がその鍵になっている。情報技術を活用して，企業間の情報を滞りなく伝達し合うのである。昨今では情報技術（Information Technology: IT）を情報通信技術（Information and Communication Technology: ICT）と呼ぶことも多くなっている。

　ところで，昨今では情報技術に多くの関心が向けられているためか，SCMについてもその関心，あるいは意味するところが「情報技術を利用した企業間ネットワーク」のように捉えられている向きもある。しかし，それではいわゆる"BtoB"をSCMと呼んでもいいことになる。たとえば，電子商取引を行っていれば，SCMと呼んでもいいのだろうか。

　先に「…サプライチェーン全体で在庫，リードタイムの最適化を目指すもの」と記したように，「情報技術を利用した企業間ネットワーク」だけではSCMとはいえない。はじめに述べたように「それぞれの企業の営利と目的のために，結果的に企業間で連携している」のでは，速やかなサプライチェーン全体で在庫，リードタイムの最適化が実現しない場合も出てく

るだろう。

　SCMはERP（Enterprise Resources Planning），CRM（Customer Relationship Management）を包含したものとなっている。ERPとは企業内の全経営資源を統合的に管理し，経営の効率化を図るための手法および概念のことである。これを実現するための業務横断型（統合基幹業務）ソフトウェアをERPソフトウェア，ERPパッケージと呼ぶ。CRMとは文字どおり，顧客関係性マネジメントのことである。顧客との関係を深耕させ，より深層にまで踏み込んでニーズを探るための手法および概念のことである。CRMソフトウェア，CRMパッケージを使用する。

　第2部では特に顧客間，企業間の問題について論じる。

2 国内におけるSCM普及の背景

　日本国内では，2000年を前後するあたりからSCMが急速に普及してきた。業界紙の日刊工業新聞では1995年頃からサプライチェーン・マネジメントに関する記事が登場する[16]。そこではECR（Efficient Consumer Response）とBPR（Business Process Re-engineering）の文脈からサプライチェーン・マネジメントを説明している。ECRとは，主に食料品のサプライチェーンについて使われるが，ムダなコストを削減する目的で情報技術を利用し，メーカー[17]と小売業者間で共同作業を行うことである。また，BPRとは業務プロセス，そしてそれに伴う組織を抜本的に見直し再構

---

[16] 『日刊工業新聞』「技術創世21・技術で拓く産業社会／インターネット対応軸に開花近い電子商取引」1995年9月14日。

[17] 製造業者とメーカーを区別して使用している。「製造業者」を使用する場合，部品業者も含めたすべての製造業者を意味しており，「メーカー」を使用している場合，製造段階の最終工程を行い，完成品として出荷する製造業者を意味している。

築することをいう。リストラクチャリングと同義であるといえる。

　これ以降，急速にSCMに関する記事は増え，2001年には年間300件ほどの記事が見つかる。日本経済新聞では1997年頃から紹介され，やはり2001年をピークに100件ほどの記事が確認されている[18]。およそ2000年頃が日本国内各社でSCM導入の機運が高まっていた時期と推察される。

　近年，「多品種少量生産に対応できる」，「短納期に対応できる」，「顧客のニーズを捉えることができる」ことが，製造業の競争優位性を確保するために必要だといわれている。

　SCM導入が進む直前の1990年代半ばには，消費者ニーズの多様化，製品ライフサイクルの短縮，一過性のブームなどによる製品の企画・開発や製造の難しさの議論が数多くあった。製品のコモディティ化の文脈もこの頃からであろう。当初は競争力を持っていた製品が短期間に製品そのものの競争力を失くし，価格競争に陥るというそれである。製品の企画，開発，製造，販売までの期間の短縮，製造現場では，高速（rapid）に試作（prototyping）することを目的とする**ラピッドプロトタイピング**などの技術に関心を持つようになった。

　当時の「たまごっち」や「だんご3兄弟」は，ブームになったことから多くの人の記憶にあるだろう。「たまごっち」は1996年11月にバンダイから発売された。発売開始に宣伝広告が特にされていないことから，当初はさほど売れると思っていなかったようである。発売して間もない頃，「年内に30万個，来春までに100万個」との記事がある[19]。ところが1997年5月末には累計695万個の販売，そして5月から米国での販売が開始した[20]。7月には欧州での販売を開始，それに伴い，生産拠点を国内外10工場に増やし，月産1000万個の生産体制とした。バンダイでは月産50万個

---

18) 日経テレコンより。
19) 『日経流通新聞』「年末玩具商戦・高額品，目玉なく苦戦」1996年12月12日。
20) 『日本経済新聞』「たまごっち，異文化に挑戦」1997年5月13日。

以上の商品を「Aクラス」と呼んでいるが，その20倍の生産体制である[21]。発売以来，宣伝を行っていないにもかかわらず，発売1年でおよそ1500万個の出荷である[22]。当初は見込みと違ったため，生産体制も整っておらず，品切れが続出，定価1980円の「たまごっち」に数万円の値がつき，個人取引が行われていた[23]。

しかし，1999年3月期には工場の閉鎖，大量の在庫処分などで，60億円の特別損失を計上している[24]。「たまごっち」はおよそ2年間で約4000万個を販売したが，ブームは2年で去ってしまった。

「だんご3兄弟」は，1999年1月にNHKのテレビ番組「おかあさんといっしょ」の中で紹介された幼児向けの曲である。当時，ブームになり，3月にCD販売をはじめた。3月3日の発売初日までに100万枚を出荷するが，店頭で品切れが続出する[25]。発売10日ほどで出荷枚数250万枚を記録した[26]。版権使用許諾（キャラクターの商品化権）を申請する企業は約250社に上った。キャラクターグッズは4月下旬から発売が開始される[27]。

串だんごを3個にする団子店も増えた。ひと串3個の団子用の機械を新たに購入してラインを増やし，100人近いパートを雇い入れ，24時間体制を組んだ企業もあった。3月以降，受注量は1日20万本と従来の10倍になったのである。ところが，「だんご3兄弟」は2か月で，キャラクターグッズの販売は1か月でそのブームが去った[28]。版権は取ったものの販売までこぎつけていないグッズも数多くあったろう。

---

21) 『日本経済新聞』「月1000万個に増産へ　合言葉は「たまごっち経営」」1997年6月26日。
22) 『日本経済新聞』「「たまごっち」初の宣伝」1997年11月11日。
23) 『日本経済新聞』「2人の姫が見つめる先は　閉そく感と希望を体現」1997年12月25日。
24) 『日本経済新聞』「バンダイの今期　連結最終赤字45億円「たまごっち」在庫処分で」1998年9月26日。
25) 『日本経済新聞』「ポニーキャニオン，「だんご」CD初日100万枚突破—幼児向けTV番組で人気」1999年3月4日。
26) 『スポーツニッポン』「「だんご3兄弟」　CD売り上げ340万枚を突破」1999年3月13日。
27) 『東京読売新聞』「ブームの「だんご3兄弟」　1億円超す親孝行　NHK，副次収入見通し」1999年4月13日。

こうしたブームには，インターネットの普及初期のクチコミがあったのではないかとの見方もある。それまでは，東京でブームになったモノが地方に波及するには，数か月から年単位での時間的ギャップがあった。それにより，製造業者は増加する注文に対応する時間的余裕があった。「たまごっち」，「だんご3兄弟」は，それまでにはない短期間に全国でブームになっている。実際インターネット上に，「たまごっち」の情報サイトの存在が確認されている[29]。当時のインターネット世帯普及率[30]は1996年が3.3%，1997年が6.4%であるが，大学生であれば学内でインターネットができる環境があっただろう。もちろん，今となっては調査することは不可能ではあるが。

このようなことから，今日では企業間競争の激化とインターネットの普及による消費者の情報共有が，製品の開発・製造・販売の短縮化を方向づけたと考えられる。

サプライチェーン・マネジメントは米国がいち早く取り組んでいる様子がうかがえるが，日刊工業新聞のインタビュー記事で「…以前は一週間かかっていた製品も，今では一日で完成しなくてはならなくなった。5年前は10種の製品を提供していればよかったものが，現在では百種の製品をそろえる必要が出てきた」と紹介している[31]。

---

28) 『日経流通新聞』「「だんご3兄弟」ブーム終息──幼児向け生活用品は残る（びゅうPoint）」1999年5月27日。
29) 『日本経済新聞』「バンダイ，たまごっちページ「やめて」」1997年2月17日。
　　『日本経済新聞』「商品ウオッチング・ネットで言葉遊び　虚構楽しむ感性再び」1997年3月29日。
30) 平成8年度（1996年度）通信利用動向調査，平成9年度（1997年度）通信利用動向調査。
31) 『日刊工業新聞』「インタビュー／米i2テクノロジーズCEO－サンジブ・スィーデュー氏に聞く」1996年8月19日。

3 企業の課題

　1980年代，ポーターは競争優位性を確保するためには，コストリーダーシップ戦略か差別化戦略のいずれかの選択が必要であると指摘していた[32]。しかし，近年はその両方を求めることが必要になっている。

　国内においては1985年のプラザ合意後，円高・ドル安が進行し，2年後にはそれまでの1ドル240円台から120円台にまでなった。また1995年にはWTO（World Trade Organization）が設立され，グローバル化が進展することになる。これ以降，国内市場にこれまで知られていなかった海外の企業が参入するようになる。海外の高価なブランド製品が以前よりも安価に購入できるようになり，またコストの低い国から高品質ではないけれど，安価な製品が販売されるようになる。

　国内製造業はコストの安価な海外に工場を設置するか，自社では工場を持たずに製造を安価な国に委託するファブレスメーカーが登場する。ユニクロもそれに該当する。ユニクロのパートナー工場は上海，ホーチミン，ダッカなどにある。日本の電機メーカーはほとんどの製品に海外製のコストの安価な部品を使い，または製品の組み立ても海外で行っていることはよく知られている。また「100円SHOPダイソー」も初期の頃はその製品のほとんどが海外のものである。昨今は国内メーカーのものも扱っているが，その製造工場は海外にあるのだろう。

　流通における**経済的隔離**（第1章第4節を参照）として，空間的な隔たりがある。「生産場所と消費場所は離れている」というものであるが，この距離が長くなればなるほど，管理は難しくなる。「必要なものを」，「必要な

---

[32] Porter, M. E. (1980) *Competitive Strategy*, The Free Press.（土岐坤，中辻萬治，服部照夫訳（1982）『競争の戦略』ダイヤモンド社）

ときに」,「必要な量を」,「必要な場所に」は,ロジスティクスの要諦である。

4 消費者の関心とマーケティング

　企業の競争環境が激化してきているといわれて久しい。それは先に述べたようなグローバル化と消費者ニーズの多様化にあるだろう。グローバル化によって,国内外のさまざまな製品を手にすることができるようになった。製品の基本的な機能だけでは製品ごとに違いはないため,価格競争に陥ってしまう。そのため,他社製品との差別化として感性に訴えるデザインやさまざまな機能を付加することになる。消費者ニーズの多様化は企業が促進している側面もある。

　テクノロジーの高度化と複雑化は,消費者の製品それ自体の理解を困難にしてしまう。たとえば各電機メーカーの洗濯機には「ナイアガラ洗浄[33]」,「ウルトラファインバブル洗浄[34]」,「泡洗浄[35]」,「マイクロ高圧洗浄[36]」などがあるが,それが具体的にどのような効果があるのか,どれが優れているのか,どれが自分に合っているのか,判断できる消費者は皆無に等しい。これは洗濯機に限ったことではないし,電気製品に限ったことでもない。技術的な専門用語も多く,アフターフォローはもちろん,消費者に製品の機能や性能を正しく理解をしてもらうためには単なる宣伝活動の延長では難しく,消費者とのコミュニケーションの方法を見直す必要がある。

---

[33] 日立製作所。
[34] 東芝。
[35] パナソニック。
[36] シャープ。

消費者と相対する小売業者にとっては，多品種少量生産がはじまる1970年代以降から品揃えが難しくなった。多様な消費者に対応するために，メーカーは多品種化を行うことにしたが，小売業者は限られたスペースで品揃えをするため，すべてを取り揃えることはできない。必然的にメーカーあるいは製品の絞り込みが必要になる。また，それぞれの製品の仕入れ量も少なくすることになる。

メーカーは小売業者の選別にさらされ，在庫量の少量化，欠品による販売機会の損失回避のための少量多配送，需要変動への対応が求められるようになった。その上，昨今は**製品のライフサイクル**が以前とは比較にならないほど短くなったことも，生産管理を難しくしている要因である。

こうしたことから，今日では製造業者と小売業者はより緊密な関係を構築することが望まれている。小売業者にとって，在庫の少量化と販売機会の損失回避，製品の機能や性能の正確な理解は，顧客の信頼を得るために不可欠な要素であるが，これは製造業者の協力なくしては実現できない。製造業者にとっても，店舗が製品を直接消費者にアピールし，教育的活動を行う場となっている。また迅速な需要動向を伝達してもらうためにも，小売業者の協力は不可欠である。

5 顧客と取引先との関係性

今日，以前にも増して，顧客や取引先との関係が重要になってきている。「関係性（relationship）」の概念については，**リレーションシップ・マーケティング**において研究されている。これまでリレーションシップ・マーケティングの研究は，サービスや産業財を扱う企業を中心に行われていたが，今日では消費財を扱う企業でも注目されている。SCMの顧客，企業間の問題はリレーションシップ・マーケティングの見地から研究されて

いる。ここではリレーションシップ・マーケティングについて説明をする。

　戦略的な視点からは，企業の関心が**市場シェア**の獲得から**顧客シェア**の獲得へと変化していることが挙げられる。市場シェアとは市場に出回っている他社製品も含めた総量のうち，自社製品がどの程度市場を支配しているかを表したものであり，その関心はどの程度多くの量を購入してもらえるかにある。それに対して顧客シェアには2つの意味がある。1つは顧客が一生涯に支払う財のうち，自社製品に支払う財の程度を表すものであり，顧客との付き合いが長くなればなるほど増大するという顧客の生涯価値に関する議論である。もう1つは顧客の持つ財の割合のうち，自社に支払われる財の割合の程度である顧客の支出シェアの議論である。この割合をどのように増大することができるのかを検討することである。よって，その関心は，顧客に自社製品を繰り返し購入してもらうことと，これまで購入していなかったものを購入してもらうことにある。

　規模の経済性や**経験効果**を背景にすれば，市場シェアの追求は有効な手段であるといえる。ところが今日では，顧客の企業あるいは製品に対する愛着の度合いが，収益性に大きな影響を与えることが確認されている。日本をはじめとする先進国では，少子高齢化や人口減少の問題を抱えている。限られた，それも少しずつ減少するパイ（顧客）の奪い合いよりも，自社に愛着を持つ顧客により多くのモノを購入してもらう方が理にかなっているという考えである。

　一般に，新規顧客を獲得するには，既存顧客を維持するよりもおよそ5倍のコストが必要といわれている。業種に違いはあるものの，長期的には，顧客維持率を5％向上することで25〜85％の収益向上が見込めるという指摘もある[37]。

---

[37] Reichheld, F.F. and W.E. Sasser (1990) Zero Defects: Quality Comes to Service, *Harvard Business Review*, September-October, pp.105-111.

近年のこうした状況から，企業経営者の関心は，顧客を囲い込み，常客としてより多く自社の製品を購入してもらう手だてを考慮することになってきている。また，研究・開発拠点，資材などの調達拠点，生産拠点などが世界各地に分散してきている中で，消費者ニーズと製品のライフサイクルの短縮化にいかに対応していくかが課題になっている。

「どこから資材を調達すればよいのか」，「どこで生産したらよいのか」，「どの程度，生産すればよいのか」などを考慮しながら，その関連する企業との関係を強固なものにし，消費者の求めるものを，必要なときに，必要な量だけ，必要なところに，間断なく供給していくための生産体制と販売体制の構築が求められている。

6 リレーションシップ・マーケティング

顧客あるいは取引先との関係性に関心を持つ研究は，**リレーションシップ・マーケティング**の一分野に属している。リレーションシップ・マーケティングとは，顧客あるいは取引先と互いの経済的価値を向上させるために，長期にわたる良好な関係を構築し，維持することを志向する手法，あるいは概念である。

その基礎となる研究は，**産業財**，および**サービス財**に関するマーケティングの2つの潮流から確認できる。産業財におけるマーケティングの研究で扱う顧客は，限定された顧客，すなわち企業である。また，サービス財におけるマーケティングでは，性質上，個々の顧客の抱える問題を解決するために，顧客と相対して事にあたる。

一見，産業財とサービス財を扱う企業には共通点がないように見える。しかし，双方ともに顧客に相対し，顧客の深層に潜む問題を解決することにおいては共通している。消費財を扱うメーカーは顧客と直接相対するわ

けではない。セルフサービスのスーパーマーケットなどの小売業者も，個々の顧客に添った対応をするわけではない。

　産業財およびサービス財を扱う企業は，顧客との関係を深耕させ，でき得るならばより深層にまで踏み込んでニーズを咀嚼し，よりよい製品・サービスを提供しようとする。顧客もそれを望んでいる。よって，リレーションシップ・マーケティングでは「個」や「信頼」が強調されている。

　1990年以降，消費財を扱う企業もリレーションシップ・マーケティングに関心を持つようになる。情報技術によって，相対せずとも深層に踏み込み，ニーズを探ることができるのではないかと考えられるようになったためである。

　それまでのマーケティングでは，交換対象である製品やサービスに焦点をあて，その機能や性能向上によって顧客満足の向上を志向していた。リレーションシップ・マーケティングでは交換主体（顧客や取引先）間の関係に焦点をあて，関係を熟成させることによって顧客満足の向上を志向するものである[38]。

　このような変化は，**マーケティング・パラダイム**の変化から捉える向きもある。市場取引を前提に「販売すること」を目的とする交換パラダイムと「販売すること」ははじまりとみなす関係性パラダイムである[39]。嶋口（1994）は関係性が強調されてきている要因を整理している。その最も重要な要因として，企業を取り巻く環境全体が複雑かつ不透明になったことを挙げ，安定的な成長を目指そうとする企業は，最も基本的な取引関係のつながりを頼りにすることを指摘した。

---

[38] Juttner, U. and H.P. Wehrli (1994) Relationship marketing from a value system perspective, *International Journal of Service Industry Management*, Vol.5 (5), pp.54-73.
[39] 嶋口充輝（1994）『顧客満足型マーケティングの構図』有斐閣。

第7章

顧客との関係性

第2部 サプライチェーン・マネジメント

1 CRMへの期待

SCMとは,「情報技術の利用によって,実現するマネジメント手法であり,資材の調達から製造,販売,そして最終顧客に至るまでの一連のプロセスをサプライチェーン(供給連鎖)と捉え,サプライチェーン全体で在庫,リードタイムの最適化を目指すもの」である。それには顧客が必要としている「モノ」,「量」,「質」を知ることがSCMにとって必要なことである。これはCRM研究で行われている。本章ではCRMについて説明する。

今日,「顧客満足」など,「顧客」にかかわるスローガンを掲げる企業が,以前よりも多く確認されるようになった。これは顧客との良好な関係構築が,企業の持続的な成長につながると認識してのものであろう。個々の顧客のニーズを咀嚼することがよりよい製品やサービスの提供につながるわけだが,それがあらゆる企業に浸透してきていることを示している。

顧客と企業の関係性の問題はサービス財の研究で古くからされてきた。それが消費財を扱う企業にも広く浸透した背景には,情報技術の発展と研究,そしてそれを企業固有の問題に合致させるための専門的な知識を有するITベンダー,あるいはコンサルティング・ファームの存在がある。情報技術を利用し,顧客満足を向上させ,顧客との関係をより高度に管理する仕組み,あるいは概念をCRMと呼ぶ。

CRMとは,一般に情報技術を利用し,顧客と長期的な関係を構築するための手法であり,詳細な顧客データベースをもとに,顧客との接点からさまざまな情報を収集,管理し,それを活用することにある。それは,顧客ニーズにきめ細かく対応し,常客の獲得と維持から,顧客シェアを極大化することが可能になると指摘されている。その結果として収益性を向上させ,安定的で持続的な成長が促されると考えられている。

国内のメーカーについていえば，高機能，高性能，そして高品質な製品を作ることによって欧米企業を席巻してきた。「よいものを作れば売れる」の発想を多くの人が持っていたし，それは事実であった。しかし今日では，それだけでは売れないことがわかってきている。小売業やメーカーにとっても「顧客が欲しているもの」，「顧客がわが社に期待していること」を理解することが，今日的課題の1つである。

2 これまでの顧客志向

これまでも多くの企業が顧客を重視していた。松下電器（現パナソニック）の創業者松下幸之助氏は「水道哲学」で表される「水道の水のように物資を豊富にそして安価に提供する」と謳い，ダイエーの創業者中内功氏は「よい品をどんどん安く」と主婦の店と称して創業した。これらはまさに顧客を重視した理念であったし，その後の発展を見れば高く評価されるところである。

ところが2000年を前後し，両社はともに業績が悪化した。需要が供給よりも大きいときは，商品をできる限り多く安く顧客に提供することを求められるが，供給が需要よりも大きくなると，単に多く安く商品を提供することが顧客の求めるところではない。それぞれの顧客の求める商品（場合によっては希少で値が高いものでも）を提供することが要求される。そうした消費者のニーズの変化に追随することができなかったことがその原因にあるだろう。

これまでにも顧客のニーズを捉える分析手法はあった。たとえば，「年齢20代，女性，OL，独身，都会在住」という地理的，人口統計的な顧客属性をもとにしたセグメントによる分析である。しかし，今や同じグメントに属する人たちだからといって，同じ嗜好を持っているとは限らない。「大

学生，男性，一人暮らし」をキーワードに商品開発をしても，すべての「大学生，男性，一人暮らし」の学生に売れるものを作ることはできないだろう。また「会社員，女性，独身」の人が1回あたりの外食で平均2,000円使用しているという調査結果があったとして，それを根拠に平均単価2,000円のレストランを起業しても成功するわけではない。つまり，マスコミなどで取り上げる「平均的な」消費者をターゲットにすること自体が無意味になってきているといえるだろう。消費者は多様化しているのである。

加えて，これまで顧客であった人たちも，およそ半分は5年以内に顧客ではなくなるといわれている。たとえ強い愛着があったとしても，就職，結婚などの人生の転機によって，その製品を購入しなくなるかもしれない。

また，売上の8割は2割の**優良顧客**によって上げているとする「**80対20の法則**」はよく知られているが，誤った（優良顧客ではない）顧客を注視したために，優良顧客が失望し，他社に乗り換えることもある。

優良顧客との良好な関係は，結果として顧客が自社に期待していることを理解する手助けになる。優良顧客からの信頼できる情報は，既存製品・サービスの改善や新規製品・サービスの開発に大いに役立つこともある。また良質なクチコミにより，新規顧客の獲得も期待できる。

ところがCRMといえば，こうした本質的な議論よりも，情報技術の側面にばかり関心が集まるようである。これまで述べてきたように，顧客にどのようにかかわるのか，そして今後の戦略にどう結びつけていくかが重要であり，それをなくして，情報技術を導入したところで期待された効果は得られないだろう。また，顧客の捉え方や顧客に対する戦略は企業ごとに異なるため，成功している企業と同様の情報システムを模倣しても，効果があるどころか悪化する可能性もある。

以降からは，CRM研究の中から実社会に応用できると考えられることを取り上げる。

3 CRMにおける顧客関係性の概念

　CRMに対するビジネス界の期待は，すなわち収益性の改善や向上，そして安定につながることにある。ところが収益性に有効であるかということについては，批判的な意見もみられている。それについては図表7-1をもとに説明する[40]。

　これはCRM研究における概念モデルであるが，実社会でも有用だろう。先に述べたとおり，収集した顧客に関する情報を分析し，それをどのように利用するかは千差万別であり，導入する企業ごとに異なる。そのためCRM（それに関する情報システム）の導入は，経営あるいは顧客戦略と密接なかかわりを持つわけであるが，全社的な取り組みとせず，深く考慮せずに，導入する企業も散見される。また，成功企業の事例や一般的な事例をもとに導入しているケースもある。先に「成功している企業と同様の情報システムを模倣しても，効果があるどころか悪化する可能性もある」と述べたように，企業ごとに顧客の捉え方や顧客に対する考え方が異なる以上，成功事例の模倣をしても思ったような結果が出ないのは当然である。

　さて図表7-1の中の④（CRM実施→財務的成果）については，ビジネ

図表7-1　CRM研究の概念モデル

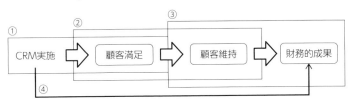

出所：南（2006），p.74

---

[40] 南智惠子（2006）『顧客リレーションシップ戦略』有斐閣。

ス界において強く関心を集めるところであり、そこに至るまでの過程を検討する必要がある。

CRM研究の動向を整理すると、①CRM実施と顧客満足の関係に着目したもの、②顧客満足が継続的な取引につながるかを検証したもの、③顧客維持と財務的成果の関係に着目したものの3つの過程が存在する。こうしたCRM研究の動向は、CRMの導入を検討する企業には大きな示唆を与えるものであろう。

これらは以前から個別に研究されていたものもあり、CRM研究はそれらの研究をベースに発展してきた。たとえば、②はロイヤルティ・マーケティングあるいはブランド研究、③は新規顧客の獲得と既存顧客の維持に関するコスト比較分析、顧客シェア（個々の顧客の総購買額に占める自社のシェア）分析などである。

近年、情報技術を単に導入したからといって、成果が上がるものではなくなってきている。今日ではほとんどの人がスマートフォンを持っているが、持っているからといって情報収集力が高いわけではない。スマートフォンをどのように使うか、それ次第である。企業の情報技術も「何に」、「どのように」、そしてそれを「どのように活用するのか」ということの検討が必要なのである。

4 実社会のCRMの発展過程

CRMが登場してきてからは、継続的取引関係にある優良顧客はそれ自身が企業にとっての資産であると考える、**カスタマー・エクイティ**の概念が登場した。カスタマー・エクイティとは、顧客が顧客である期間に企業にもたらす価値の合計のことを示す。

継続的取引関係を構築する上では、**顧客ロイヤルティ**の向上が1つの課

題になる。顧客ロイヤルティとは、企業、製品、ブランドなどに対する顧客の相対的な感じ方の度合いである。顧客ロイヤルティが高いほど、自他に影響を与え、本人そして他者を引きつける効果を持つ。

顧客ロイヤルティを向上させるプログラムのはじまりは、1980年頃に米国航空会社の**フリークエント・フライヤーズ・プログラム**（日本では**マイレージサービス**呼ばれている）にあるとされる。搭乗した距離やサービスを運航マイレージとして報奨を与え、次回の利用を促すというものである。フリークエント・フライヤーズ・プログラムはその後、ロイヤルティ・プログラムとして、カード業界、ホテル業界、そして小売業界に広く浸透していく。

こうしたロイヤルティ・プログラムの多くは**ロイヤルティ・カード**（国内では**ポイントカード**と呼ばれる）を核として行われ、報奨プログラム（ポイント付与などの特典）と市場情報分析プログラムに分けられる。顧客側から見たロイヤルティ・プログラムは、購入時に付与される、いわゆる報奨（ポイント）を蓄積することによって、商品・サービス、現金としての割戻し、あるいは報酬量に応じたプレゼント商品を受け取る仕組みである。しかし、企業側からみれば、顧客が報酬を蓄積する行為を通じて、顧客の属性、購買傾向などの価値ある情報を得る仕組みである。すなわち、ロイヤルティ・プログラムとは顧客に関する情報と報奨を交換する仕組みと捉えることができる[41]。

ロイヤルティ・プログラムに対する批判として、同業者などの追随によってロイヤルティ・プログラムが同質化してしまうこと、報酬の過当競争（ポイント還元競争）に陥ってしまうことが指摘されている。同様の行為をする企業が増えてくるほど、ポイント付与ではロイヤルティを感じなくなっ

---

[41] 遠藤雄一（2007）「小売業におけるCRM戦略―ロイヤルティカードを用いたCRMと収益性の関係を中心に―」『経営戦略研究』（経営戦略学会）、第5号、pp.15-27。

てしまう。今日では，多くの企業がロイヤルティ・カードを発行し，消費者の多くが持つに至っている。

ロイヤルティ・プログラムとは報酬プログラムであるとする誤った理解がビジネス界には存在するが，現在では（企業側から見た場合は）ロイヤルティ・プログラムを顧客に関する情報を収集する市場情報分析プログラムであると理解した方がよいだろう。それをもとにした製品やサービスの提供によって，心地よさ，安心感や信頼感といった顧客の心理面に訴えることがCRMの目指すところである。

「どのような商品を調達するか，あるいは開発するか」，「（優良）顧客はどのようなサービスを望んでいるか」など，顧客の潜在的ニーズを汲み取ることが求められている。CRMとは顧客ロイヤルティの向上に一義がある。

以上のようにリレーションシップ・マーケティングに端緒を見るCRMは，自社の優良顧客を認識すること，そしてより多くの優良顧客を維持し，作り出すことにその本質がある。すなわち，顧客との長期的な取引関係を志向する概念である。よって，CRMの実施効果については，ある程度長期的な視野から考える必要があるといえる。

5 顧客分析

〈1〉優良顧客の選定

小売業では以前から**デシル分析**と呼ばれる手法が知られている。19世紀の経済学者ヴィルフレド・パレートのパレートの法則をもとにしたものである。一般には**パレート図**で説明されている。小売業では以前から優良顧客を発見することを目的に使用していた。

《図表 7-2　パレート図》

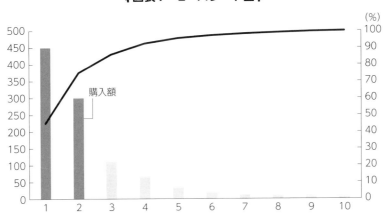

　購買履歴から購入金額の高い順に顧客を 10 等分し，その構成比を算出する手法である（図表 7-2）。パレートの法則で「80 対 20 の法則」が知られるように，売上の 8 割は 2 割の顧客によるものであるとされる。対象となる上位 2 割の顧客は自社にとって優良な顧客であり，効果的なアプローチを行うことによって顧客維持に努めることが求められる。

　また，デシル分析よりも詳細に分析する手法として RFM 分析がある。RFM 分析とは「Recency：最新購買日」，「Frequency：購買頻度」，「Monetary：購買金額」の 3 つを指標に総合的に判断して，顧客のランクづけ，およびアプローチを検討するものである。「直近で"いつ"購入したのか」，「どれくらいの頻度で購入しているのか」，そしてデシル分析で使用した「購入金額」を用いて顧客を分類する。図表 7-3 で RFM 分析の例を説明する。

　図表 7-3 では，Recency（最新購買日），Frequency（購買頻度），Monetary（購買金額），それぞれをランク 1 ～ランク 5 で表している。それをもとに優良顧客を R（最新購買日），F（購買頻度），M（購買金額）のすべてがランク 1 を優良顧客とした。また，R が 1 か 2，F が 1 か 2，M

《図表 7-3　RFM 分析の例》

ランク	R：最新購買日	F：購買頻度	M：購買金額
1	1 週間以内	5 回以上	5 万円以上
2	2 週間以内	3 回以上	3 万円以上
3	1 か月以内	2 回以上	1 万円以上
4	3 か月以内	1 回以上	5000 円以上
5	3 か月超	1 回未満	5000 円未満

優良顧客のランク
R：1 → F：1 → M：1

優良顧客候補のランク
R：1or2 → F：1or2 → M：1or2

将来の優良顧客のランク
R：1or2 → F：1or2 → M：3〜5

要注意のランク
R：3or4 → F：1or2 → M：1or2

が1か2に含まれる顧客を優良顧客候補，Rが1か2，Fが1か2であるが，Mの購買金額のランクが3〜4を将来の優良顧客としている。これは頻繁に来店をしているが，購買金額の多くない顧客は，将来的に購買金額が増えてくる可能性があると考えたためである。たとえば，収入の少ない学生は，働きはじめたら将来的に購入金額が増えてくる可能性があるかもしれないからある。そして，購買頻度と購買金額はランクが1〜2であるが，しばらく来店していない顧客を要注意とする。もしかすると，競合店の利用をしはじめているのかもしれない。

　このようにRFM分析では，優良顧客のみに関心を持つのではなく，それ以外の顧客にも関心を持つことが可能である。それぞれに対して，それぞれに合った対応を促すことが可能になる。

　購入額が大きくても，直近の購入が1年前や半年前であれば，すでに他社に乗り換えた顧客なのかもしれない。また特売品を多量に購入しただけなのかもしれない。また購入金額が少なくとも，頻繁に購入する顧客は大切な顧客である。購入金額だけで優良顧客として判断するのは早計であるという考え方である。先に優良顧客からは，良質なクチコミや新規顧客の獲得を期待できると指摘したように，購入金額が少なくても優良顧客は存在する。このようなことから，RFM分析はデシル分析よりも顧客を詳細に知ることができるといえるだろう。

ただし，RFM分析にはデシル分析のような明確な基準があるわけではなく，分析する企業あるいは分析者によって分類は異なったものになる。小売業であれば，食品スーパーの利用頻度と家電量販店の利用頻度はまったく異なる。食品スーパーであれば週1回で上位2割に入らなくても，家電量販店であれば月1，2回でも上位1割に入るかもしれない。

家電と自動車の購入頻度もまったく異なることがわかるだろう。お気に入りの家電メーカーの製品に対して，今年は冷蔵庫，来年はテレビ…のように，毎年，何かを購入しているかもしれない。自家用車の購入は多くても3〜5年に1回程度である。

よってRFM分析を使用する場合は，3つの指標のそれぞれに自社の基準を設ける必要がある。もしかすると店舗ごとに異なる指標が必要かもしれない。またデシル分析では顧客を10等分していたのに対し，RFM分析ではそれぞれを5等分程度にすることが一般に多いようである。分類数についてもデシル分析と異なり，決まりはない。よってRFM分析の利用は，当該企業の顧客動向の十分な理解とある程度の経験を要するだろう。R・F・Mをもとに顧客を分類化し，それぞれに対してどのようにマーケティングするのかを検討する必要がある。

〈2〉顧客ロイヤルティと満足度[42]

優良顧客の選定が，今日の顧客関係性の議論がはじまる前から存在していたことは，これまでの議論から理解されたと思う。では顧客関係性の議論において，優良顧客はどのように捉えられているのだろうか。

顧客の当該企業に対する行動を階層化すると図表7-4のようになる。こうした顧客と企業との関係性を精緻に階層化していることは，以前の

---

[42] Heskett, J. L., W. E. Sasser, Jr. and L. A. Schlesinger (2003) *The Value Profit Chain*, The Free Press. (山本昭二，小野譲司訳 (2004)『バリュー・プロフィット・チェーン』日本経済新聞社，p.97)

第2部 サプライチェーン・マネジメント

《 図表7-4　顧客行動の階層 》

所有者意識
(提供物の継続的な成功への責任を負う)

伝道的行動
(高い忠誠へと発展して他者の購買を説得する)

コミットメント
(忠誠を示すとともに満足したことを他者に話す)

忠誠
(繰り返し購入することで「予算シェア」を大きくする)

満足
(予測していた以上のものを手に入れる)

出所：山本昭二，小野譲司訳（2004），p.94

優良顧客と一括りで表したことから考えると大きく前進したといえる。単に優良顧客とするのではなく，顧客との関係性をどのように高めていくのかを示唆している。

また満足度と忠誠度を**顧客ポートフォリオ**からみた場合，図表7-5で表される。すべての顧客はこれに従って分類されている。

それぞれの顧客の状態を説明する。

- 使途・所有者
  高度な信念を背景にした伝播力によって，他者に製品やサービスの変更を促す。
- 伝播的忠誠者
  製品やサービスに十分満足しており，他者ともその満足を共有したいと

《図表7-5　顧客ポートフォリオにおける満足度，忠誠度の関係》

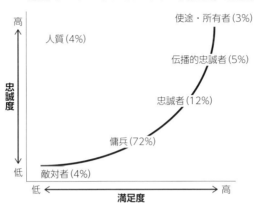

出所：山本昭二，小野譲司訳（2004），p.97，一部加筆修正

考えている。
- 忠誠者
  製品やサービスに十分満足しており，価格感度は「傭兵」よりも低い。
- 傭兵
  総購入の一部を他社から購入している。その購入理由は価格である。
- 敵対者
  製品やサービス，あるいは当該企業に不満を抱き，積極的に見込み顧客を含む他者にその不満を拡大し，共有しようとする。
- 人質
  不満を抱いているが代替案は持っていない。その不満を他者と共有したいと思っている。

「使途・所有者」，「伝播的忠誠者」は当該企業の推奨あるいは新製品・サービスに関して，他者に伝播してくれる。また当該企業に他者の不満を整理して伝えたり，忠告を与えてくれたりする。そして，将来の新製品・

サービスに示唆を与えてくれる情報を提供してくれるかもしれない。

　顧客の中には当該企業や製品・サービスに不満を持つ顧客もいる。そうした顧客は「敵対者」，「人質」に分けられる。「敵対者」は非難，中傷を積極的に吹聴する。昨今ならインターネット，SNS でネガティブな側面を拡散する顧客といえるかもしれない。「人質」は不満があり購入を止めた顧客，あるいは不満はあるが何らかの事情によってそれを購入し続けなければならない顧客である。自らが積極的に非難，中傷を拡散しようとはしないが，機会があれば話したいと思っている。

　「傭兵」は店舗あるいはメーカーを製品・サービスによって使い分ける。顧客の多くはこれに分類される。「忠誠者」は「使途・所有者」，「伝播的忠誠者」と同様に当該企業に満足している。ただし，他者に当該企業を推奨することはない。

　顧客との関係レベルを知ることは，**顧客ロイヤルティ**の観点からアプローチの必要性やその方法の理解につながる。先に述べたとおり，ビジネス上の CRM の意義とは企業にとっての収益性を向上させることにある。よって，すべての消費者の要望に応えようとする行為は適切とはいえない。顧客，企業の互いの価値を高めて顧客満足と企業成長を同時に達成しようとする試みならば，企業にとって，どの顧客がどの程度自社に貢献しているのか，そしてどの顧客がどの程度満足しているのかを把握することは重要であろう。有益ではない顧客に必要以上のコストをかけて，優良顧客へのサービスが低下しているということはないだろうか。

　小売業についていえば，特売品のみを買いにくる顧客，いわゆる**チェリーピッカー**（バーゲンハンター）により多くのコストをかけることは，適切な選択とはいえない。

　調査によれば顧客のうち，使途・所有者は 3%，伝播的忠誠者は 5%，忠誠者は 12%，傭兵は 72%，敵対者は 4%，人質は 4% いう結果であったという。こうした分類からは，それぞれの顧客層に対して異なる対応が必要

であること，サービスやコストの適正配分を検討する必要があることが容易に想像できる。傭兵から忠誠者，伝播的忠誠者，使途・所有者へと育成することが肝要である。

〈3〉ライフスタイルによる顧客分類

　ロイヤルティ・カードを使用した市場分析プログラムは，今日，ID-POS分析として知られている。ID-POS分析では，**ロイヤルティ・カード**作成時の顧客属性の情報（性別，生年月日，居住地など）と購入時にロイヤルティ・カードを提示したときの購入したものを紐づけすることで，たとえば30代・女性であれば，そのセグメントの購入するものの傾向を理解しようとしている。

　古くから先進的なID-POS分析を行っていた小売業である英国のテスコを例に紹介する。テスコは1995年にクラブ・カード（テスコのロイヤルティ・カードの名称）を発行している。そして1999年からは購買履歴と**ライフスタイル**を組み合わせた顧客分類に取り組んだことで知られている。

　商品に「健康によい」，「子供向け」，「ベジタリアン」，「伝統的」などの属性を付与し，データベース化している。これを商品DNAと呼ぶ。そしてクラブ・カードによる顧客情報と購買履歴から，「どの商品」を購入したのかなど，顧客のライフスタイルを分析する。たとえば，「健康志向派」，「価格重視派」，「保守派」などである。それによって，40代・女性・健康重視派といった従来の年代・性別にライフスタイルを付与した，より精緻なセグメントに顧客を分類することが可能となる[43]。

　従来の地理的，人口統計的なものに，ライフスタイルを付与した形式として分析することは，現在では国内の小売業でも取り入れられている。昨

---

[43] Humby, C., Hunt, T and Phillips, T (2003) *Scoring Points: How Tesco Is Winning Customer Loyalty*, Kogan Page.（大竹佳憲監訳（2007）『Tesco 顧客ロイヤルティ戦略』海文堂出版）

今では，この分析をもとにレシートにクーポンをつけている小売業者もある。たとえば，40代・女性・健康重視派であれば，同じ40代・女性・健康重視派が購入している商品でありながら，当人が購入していない商品のクーポンをつけるといった具合である。これにより，それまでのクーポン利用率が数％から30〜40％に向上したという事例もある。その本質的な目的はクーポンを利用してもらうことではなく，その後のその商品のリピートにある。

これまでの顧客分析では，セグメントという概念をもとに，住所，年齢，性別，職業などといった地理的，人口統計的な属性で顧客を分類していた。いわゆる伝統的な**セグメント・マーケティング**である。こうした分類は「顧客群」として大雑把にその傾向などを理解することができたとしても，顧客ごとにどのように対処すべきかという理解につながることはほぼない。先にも述べたが，「大学生，男性，一人暮らし」の顧客だからといって，同じ嗜好を持っているとはいえない。テスコの事例はこのような問題に対応するものだったといえるだろう。

また，顧客の購買行動は，生活環境の変化やその人の性向によっても変化する。独身のときに購入していたものと結婚後に購入するものには変化があるだろう。学生のときと社会人になってからも違いはある。顧客を静的に捉えるのではなく，動的に変化するものという視点も必要である。よって，時間軸の概念を顧客分析に組み込むことが必要になる。生活環境の変化を予測することがある程度可能になり，性向を理解する一助ともなる。

たとえば，子供のいる家庭ではその成長に合わせて購買品は変化する。また流行に合わせて購買品が変化する人や流行に流されない人もいる。こうしたことは，顧客の変化を時間軸から詳細に分析することによって理解することができる。

従来のロイヤルティ・カードによるID-POS分析では，ロイヤルティ・カード作成時の顧客情報しかない。これだけでは生活環境の変化はわから

ない。動態的に変化する顧客をどのように捉えるのかが，今後の課題だろう。

およそこれまでの顧客関係性の研究では，あらゆる接点から企業が顧客情報を収集することを推奨している。購入前の問い合わせ，購入時，購入後の問い合わせ，修理・メンテナンスなどのアフターサービスで顧客と接点を持つことが考えられる。

また，業務遂行に直接必要な情報かどうかにかかわらず，より多彩な情報を収集することを必要とする。後述するが，これは SCM においては重要な論点となる。自社で必要のない情報も，流通過程上のいずれかの企業では希少な情報かもしれない。自社に必要のない情報であったとしても，他社が必要とする希少な情報を入手していることは，大変重要であるといえるだろう。

〈4〉実社会での CRM の広がり

1990 年代半ばには FSP（Frequent Shoppers Program），あるいは**顧客識別マーケティング**（Customer Specific Marketing：**CSM**）と呼ばれるロイヤルティ・カードを利用した顧客囲い込みが注目された[44]。先に述べた優良顧客の選定によるところである。

FSP とは，顧客を購入金額や来店頻度によって選別し，セグメント別にサービスや特典を変えることによって「優良顧客の維持」，「見込み客の優良顧客への育成」を意図するものである。CSM とは，全顧客に同一価格で製品を販売するのではなく，その顧客の利益寄与に応じて特別価格で提供しようとするものである。顧客へのアプローチ手法は別にして，優良顧客を明らかにすることの重要性は増しているといえる。FSP も CSM も本

---

[44] Woolf, B. P. (2001) *Loyalty Marketing: The Second Act*, Teal Books.（中野雅司訳 (2001)『個客ロイヤルティ・マーケティング』ダイヤモンド社。）

質的には同義のものであり、今日ではFSPという呼び名が浸透している。

図表7-6をもとに、ロイヤルティ・カードをベースにした**ロイヤルティ・プログラムのデータ活用**について説明する[45]。

第1段階はカード会員を作り、増大することにある。以前、小売業者の方から、購入者の**ポイントカード**利用者の割合は40〜50%程度とうかがったことがある。しかし、それでは全客数の半分にも満たない顧客しか分析できていないことになる。そのため、より多くの顧客にポイントカードを作ってもらうこと、また使用してもらうことが必要になる。余談になるが、「ポイントカードを忘れた／見つからない」ことで新規にポイントカードを作成するように促されることがある。以前のポイントカードで収集したデータを、新規に作成したポイントカードと繋ぎ合わせる作業をしているのか、気になるところである。

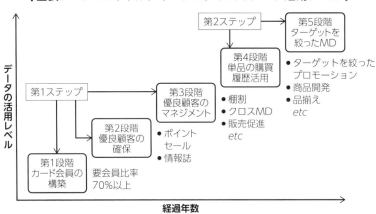

《図表7-6 ロイヤルティ・プログラムのデータ活用レベル》

出所：中村（2007), p.10, 一部加筆修正

---

[45] 中村博（2007）「小売CRMにおけるロイヤルティ・プログラムの実務的視点からのレビュー」『マーケティング・サイエンス』（日本マーケティング・サイエンス学会）、第16巻第1-2号, pp.1-24。

第2段階としては「**優良顧客の確保**」である。先にデシル分析，RFM分析を説明したが，こうした作業による。

第3段階は「優良顧客のマネジメント」である。**RFM分析**の説明で記したが，分類された顧客に対してそれぞれどのようにマーケティングをするかを検討しなければならない。すなわち，優良顧客であれば，顧客シェアの増大であり，優良顧客として見込みがある顧客であれば，優良顧客に促すオペレーションの検討である。

カード会員を増やし，優良顧客を発見，および優良顧客を増やし，維持することが第1ステップでの重要な目的になるだろう。

第4段階，第5段階では優良顧客やその見込み客のポイントカードの購入履歴から，顧客ごとに商品のお勧めを行うなどの施策である。また購入履歴から顧客の嗜好を深耕させ，プライベート・ブランドの商品やメーカーへの提案へと昇華させる。購買履歴を活用したメーカーとコラボレーションをしながら，ターゲットを絞ったプロモーションや商品開発により，優良顧客と顧客シェアの増大を目的とする。先に述べたテスコの事例のような活動である。

小売業において，**ID-POS分析**による取り組みで成果を出すには，第1ステップから第2ステップに移り変わることができるか否かが鍵になってきている。優良顧客のマネジメントが一定水準にあれば，先に述べたようなレシートのクーポンなどを用いることができる。単品ごとに，それを認識していない見込み客へのアプローチである。

第8章

企業間の関係と
サプライチェーン・
マネジメント

第2部 サプライチェーン・マネジメント

1 SCMの理解

　第7章でSCMとは「情報技術の利用によって，実現するマネジメント手法であり，資材の調達から製造，販売，そして最終顧客に至るまでの一連のプロセスをサプライチェーン（供給連鎖）と捉え，サプライチェーン全体で在庫，リードタイムの最適化を目指すもの」と説明した。マーケティングとしての意味合いとしてなら，「資材の調達からはじまり，生産から販売までの流通過程を最適化し，製品・サービスの**顧客価値**（customer value）を高めることによって，企業に高収益をもたらす戦略的な経営手法のこと」となるだろうか。

　顧客価値とは，企業から製品やサービスを受け取ることによって得られる満足感を意味している。すなわち，最終的には最終顧客が求める最適な品質を最も高いコストパフォーマンスで，必要なときに提供するために，流通上を最適化するための手法，概念である。

　SCMの概念的なところでは，古くからマーケティング研究，あるいはロジスティクス研究で説明されていた（流通システムについては第1部を参照）。それが1990年を前後する頃から急速にビジネス界で関心を集めることになる。グローバル化，および情報化（デジタル化）の進展によって，企業を取り巻く環境が不透明になったことが，その要因に挙げられる。先の見通せない状況下では時間経過が最も大きなリスク要因となる。これについては第6章で説明した。

　一例として挙げれば，情報技術のハードウェアを構成するCPUやメモリーは価格の下落が激しい。ハードディスクなどの構成要素は新たな素子や新技術に取って代わられてしまう。周知のとおり，コンピュータを構成する要素は，家電機器をはじめさまざまな製品に使用されている。価格の下落の早さを考慮すれば，大量に生産しておいて悠長に売れることを待っ

ているわけにはいかない。需要量に応じた生産，そして供給する仕組みを構築しなくてはならない。

　加えて，近年ではグローバル化で企業間競争が繰り広げられるようになり，研究・開発拠点，生産拠点，販売拠点が世界各地に分散してきている。日本で企画・開発したものを，南米や東欧で生産された資材を使用し，中国，台湾，あるいは東南アジアの工場で組み立てるような企業活動も見られている。このような企業活動を行うには，世界各地に散在する各工場の生産量やカントリーリスク，そして先に述べた時間経過リスクを考慮しながら，資材の調達や生産を行う必要がある。

　企業活動とは企業の中の閉じられた活動で成り立つわけではなく，メーカーであれば，部品業者，卸売業者，あるいは小売業者の協調が必要になる。それは小売業者にとっても同様である。今日のように将来が不確定，不透明であれば，なおさら協調関係には留意しなくてはならない。昨今では以前にも増して，消費者の購買動向の変化が激しい。消費者の購買動向を最も身近で知る小売業者の役割は大きい。こうした課題に対処する仕組み，あるいはシステムとしてSCMが注目されてきた。

　黒田充（2004）は編著書『サプライチェーン・マネジメント』の冒頭で，「サプライチェーン・マネジメントは，マーケティング，ロジスティクス，生産管理，品質管理，システム論，組織科学，オペレーションズ・リサーチ，生産技術，情報技術などがかかわる学際的研究領域の性質を本来もったものである」と述べている[46]。SCMとは，ビジネス・プロセスのレベルからその実現までをすべて網羅する取り組みであることから，その領域はこれまで企業経営に影響を与えたあらゆる学問が関係してくる。

　本章ではこれらすべての事柄を網羅するのではなく，経営学，特にマーケティング領域から，SCMの意義や課題を考察する。よって，企業内の

---

[46] 黒田充編著（2004）『サプライチェーン・マネジメント』朝倉書店。

経営資源を統合的に管理する ERP（Enterprise Resources Planning）も SCM に含めて考えるべきだが、ここでは触れない。

マーケティング研究は当初から、顧客創造と市場の拡大、そして需要充足を主たる研究領域とするものであり、狭義の意味では CRM が顧客創造にあたり、SCM は多分に需要充足の領域に属しているといえるだろう。

これまでビジネス界では、生産分野では**資材所要量計画**（Materials Requirements Planning：MRP）、**リーン生産方式**が、そして流通分野では QR（Quick Response）、ECR（Efficient Consumer Response）、CPFR（Collaborative Planning, Forecasting and Replenishment）などが、SCM を構成する要素となっている。詳細については後に譲るが、SCM とはこうした概念を集合させたものでありながらも、製造業と流通業で別々に発展してきた経緯がある。

2 マーケティング・チャネルの変化

〈1〉流通とは

流通とは、**生産と消費のギャップを橋渡しするもの**といえる。そもそも、生産者と消費者間には「空間」、「時間」、「情報」、「価値」の隔離がある。こうした隔離を低減することが、流通にとって重要なことである。

「情報」、「価値」では、消費量や消費者ニーズの不確かさという問題を生む。品切れや過剰在庫といった問題、あるいは新製品開発の失敗の多くはこれに起因している（「第1章第4節 流通と消費のギャップ」を参照）。

あらためて**図表8−1**に、消費財を例に、製品が消費者の手に届くまでの流通過程を示す。これを見ると消費者の手元に製品が届くまでの間には、さまざまな企業がかかわっていること、企業内においてもさまざまな

図表8-1 消費財を例にした流通過程の企業活動

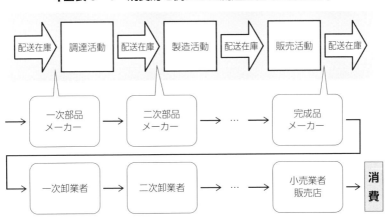

活動が行われていることがわかる。

今日における**多品種少量生産**は,「情報」,「価値」の隔たりをよりいっそう大きくしたのではないだろうか。多様化した消費者ニーズの探索活動,需要量の予測がより複雑になった。実際,毎年毎年,膨大な数の新製品が発売され,それとほぼ同数の製品が消えていく。過剰生産で過剰在庫,在庫不足も消費者のニーズを見誤った結果である。これに対処できた企業と対処できなかった企業の収益性に大きな違いがあることは,説明するまでもない。

サプライチェーンとは,文字どおりに日本語にすれば供給連鎖であるように,資材の調達から生産・販売までを密接に結合した仕組みと考えれば,単にモノの流れにとどまらず,**経済的隔離**を効率よく橋渡しすることを目的にしているものと理解できる。そのために消費者に渡るまでの流通経路に属する関係企業を消費者へと方向づけ,一体となって製品を流通させる仕組みが求められる。

⟨2⟩マーケティング・チャネルの理解

　マーケティング・チャネルについても第1部で説明したが，ここでは今日のサプライチェーン・マネジメントにおけるマーケティング・チャネルの考え方について述べる。

　マーケティング・チャネルの主要な課題はチャネル・コンフリクトの解消にある。そのため，マーケティング・チャネル全体を統率するチャネル・リーダーが必然的に必要になる。第1部で記した**図表5-1**を，あらためてここでも掲載する。

　サプライチェーン・マネジメントのサプライチェーンとは供給連鎖であるから，商品の流通を滞りなく行い，できる限り早く正確に消費者まで届ける仕組みを検討しなくてはならない。そのためには，コンフリクトを起こすことなくチャネル内の企業で連携し合うことが大切であり，そのためには垂直的マーケティング・システムが重要である。サプライチェーン・マネジメントには，**垂直的マーケティング・システム**（第5章第2節を参照）を採用していることが前提になるだろう。

　チャネル・リーダーにはチャネル・メンバーを統率するためのパワー基盤が必要となる。垂直的マーケティング・システムは，企業型システム，

《図表5-1　マーケティング・システム》

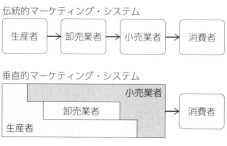

出所：本書第1部第5章より再掲

契約型システム，管理型システムの3つに分類されることは説明したが，チャネル・リーダーの誘引するパワーには，具体的にどのようなものがあるのだろうか。

〈3〉製販一体の良好な関係構築へ

　マーケティング・チャネルの主要な課題は，チャネル・コンフリクトを解消し，マーケティング・チャネル全体として，より高い目標を達成することにある。そのためには，各チャネル・メンバーの利己的行為を抑制し，他のチャネル・メンバーと協調するような取り組みが必要になる。チャネル・リーダーには自社の利益追求の他に，チャネル・メンバーのコンフリクトを解消する役割が課せられている。そのため，チャネル・リーダーにはチャネル・メンバーを統制するためのパワー基盤が必要となる。

　パワー基盤の代表的な見解としては「報酬」，「制裁」，「正統性」，「情報と専門性」，「一体性（同一性）」があると理解されている[47]。たとえば，日本的な取引慣行の1つである建値制は「報酬」，「制裁」をパワーの源泉としたチャネル・コントロールであると考えられる。建値制とは，いわゆる「メーカー希望小売価格」に代表される製造業者におけるチャネルの統合であり，メーカーが設定した「希望小売価格」で販売する小売業者に対してだけ製品が流通するように卸売業者に指示を出し，その業者の指示に従うように促す仕組みである。

　メーカーは**リベート**，いわゆるキックバックを渡す報奨制度やメーカーに従わない場合はさまざまな制裁を加えることによって，チャネル・メンバーを統制してきた。

　ところが，**パワー基盤**の有効性は市場環境の変化によって揺らいでしまう。先の例でいえばメーカーの建値制によるパワー基盤は，多品種少量生

---

[47] 石井淳蔵（1983）『流通におけるパワーと対立』千倉書房。

産やグローバル化の影響で，効力を失ってきたといえる。小売業者の大規模化（チェーン化）も要因の1つだろう。小売業者の影響力の増大に，チャネル・リーダーの変移が見つかる。「メーカー希望小売価格」から「オープン価格」へ，そしてプライベート・ブランドの出現はメーカーのパワー基盤が低下したことを顕著に表す例だろう。小売業者が自由に価格設定できる「オープン価格」により，消費者への販売価格の主導権は小売業者が握ることになった。

1960年代に小売業者のダイエーが松下電器（現パナソニック）に商品の出荷停止を受けたとし，独占禁止法違反に抵触すると裁判所に訴えたが，2000年代には，逆に小売業者の家電量販店がメーカーに対して独占禁止法の優越的地位の濫用にあたる行為をしていると公正取引委員会の調査を受ける事例が散見されるようになる。メーカーから小売業者への圧力が，小売業者からメーカーへの圧力に変化したことが読み取れる。

チャネルにおけるパワー基盤の研究では，市場環境が不透明なとき「情報」が「報酬」，「制裁」といった強制的，経済的パワーと類似するほどの効果を持つと指摘されている（図表8-2）。強制的，経済的パワーが統制に有用であると同時にコンフリクトの要因になるのに対して，情報はコンフリクトを解消する作用を持つ。

若干の説明を加える。経済的パワー（報酬，制裁）はチャネル・メンバーの統制に有効ではあるが，同時に企業間に対立的な要因も生み出す。しかし，情報のパワーは統制に有効であり，さらに企業間に友好的な効果を生

◆図表8-2　パワー資源の効果◆

	統制への効果	対立への効果
経済的パワー資源（報酬・制裁）	＋	＋
情報のパワー資源	＋	－

注：＋は正順関係，－は逆順関係を示す。
出所：石井（1983），p.264，一部加筆修正

み出す。それは情報をもっている企業が，自社にとって有用な情報を提供する企業であるからである。

〈4〉情報のパワー資源から見た DELL の事例[48]

　PC（パソコン）メーカーの DELL を創業したマイケル・デルは「情報が在庫にとってかわる」といった。

　DELL は 1984 年に設立された。在庫を持たない **BTO**（Build To Order：受注生産）による**ダイレクト・モデル**（直販）によって，わずか 20 年ほどでコンピュータ・システム・メーカー世界第 1 位となった。これは BTO によるダイレクト・モデルに起因するものである。

　コンピュータ関連の部品を含む製品は，技術革新と価格下落が激しいことで知られている。よって，PC メーカーとしてはできる限り，部品の在庫を持たずに必要なときに必要な部品を仕入れ，注文があったときに完成品（PC）を作ることが，コスト面でも優位であり（適正価格で部品を入手する），顧客にとっても安く購入できることになる。

　DELL は BTO によって，他社の同性能の機種と比較して，格段に低価格な PC を販売することができた。また受注生産であったことから，顧客の好みにカスタマイズ生産できたことも顧客の支持を集められた。それまでの PC メーカーは店舗販売を前提にしていたため，直接販売に躊躇し，DELL に追随できなかった。新興メーカーであるからこそ，DELL は気兼ねなく，BTO によるダイレクト・モデルを推進できたという側面はあるだろう。

　ところで，BTO を実現するためには，部品を供給するサプライヤーの協力は欠かせない。これまでのサプライヤーは**規模の経済性**を追求し，製品

---

[48] Dell, M and C. Fredman (1999) *Direct from Dell: Strategies that Revolutionized an Industry*, Harper Collins.（國領二郎監訳（1999）『デルの革命―「ダイレクト」戦略で産業を変える―』日本経済新聞社）

を大量に生産していた。そして PC メーカーは必要に応じて，それを大量に仕入れる。結果として，サプライヤー側も PC メーカー側もそのすべてを販売できるとは限らず，双方でその損失が発生していた。

　BTO を実現するためには必要に応じて，場合によっては時間単位での出荷が必要となる。しかし，その反面，処分することになるかもしれない大量の部品を生産し，在庫にしておく必要がない。

　店頭販売による市場動向の情報がサプライヤーに伝わるのは，販売から数十日後のメーカーからの注文を待たなくてはいけない。そのため，あらかじめ生産しておく必要があった。DELL は受注生産であるため，現在の市場（消費者）動向を反映している。サプライヤーが DELL と取引し，販売情報を手にすることで，数十日待たなくても，市場動向を知ることができる。DELL との取引によって知ることができた市場動向から，店頭販売をしているメーカーからの部品の発注を見越して生産量を調整することも可能になる。

　DELL はこれを「在庫と情報の交換」と呼ぶ。サプライヤーとの関係を密接にし，互いの情報交換により，市場に対応するスピードが劇的に速くなる。結果として在庫量が縮小し，製品の市場価格は他社よりも安くなる。

　DELL は価値ある市場情報を提供することで，サプライヤーに対して有利な取引を可能にしている。しかし，サプライヤーも不本意に協力しているわけではなく，サプライヤーにとっても DELL と取引することが自身のビジネスにとって有用だと考えている。情報をもとにした Win-Win の関係である。

　情報技術の浸透により，情報によるパワー資源をもとにチャネルを統制する事例が散見されるようになった。垂直的マーケティング・システムの分類にあてはめれば，DELL は管理型システムといえるだろう（管理型システムについては，「第 5 章第 2 節　協働のための垂直的マーケティング・

システム」を参照)。

　不確実な環境下にあって,チャネル・メンバーがそれに対処するための情報を必要としているとき,その情報を所有する企業がより大きな影響力を持つといえる。

3 物流からロジスティクス,そして SCM へ

〈1〉物流からロジスティクスへ

　第3章で説明したが,あらためて,流通についておさらいをしておこうと思う。

　物流についての概念は 20 世紀初頭の米国からはじまっている。米国は 18 世紀後半に独立し,その後,本格的に開拓が進むわけだが,当時の米国は交通網が極めて脆弱であった。そのため,物流問題が大きな課題だったのだろう。

　国内では輸送,保管,包装,荷役とそれぞれの機能は独立していたものと扱われていた。それが 1960 年代以降,商品の流動を包括的に管理することの必要性から,およそこうした機能を包括して現在では物流と称するようになった。物流の活動は,以下のような機能を包含する[49]。

- 輸配送
- 保管
- 荷役
- 包装
- 在庫管理

---

[49] 中田信哉,橋本雅隆,湯浅和夫,長峰太郎(2003)『現代物流システム論』有斐閣。

- 受発注処理
- 流通加工

　とはいえ，実質的に，この当時の物流は，それぞれの機能をそれぞれが独立して生産性を高めていており，各機能が連動して全体最適化を目指すのは1980年代前後にはじまるロジスティクスの概念が登場する頃である（「第3章第2節　流通におけるパラダイムの変化」を参照）。

　大量生産の時代は，大量物流の時代であった。大量生産が規模の経済性によって安価になるように，大量に輸配送することで輸配送コストも安価になる。そのときは物流の諸活動が分離・独立していても大きな問題ではなかった。

　しかし，**多品種少量生産**の時代では，分離・独立していた諸活動の齟齬が顕在化してくる。それぞれの活動はトレードオフの関係にあり，一方の効率性を高めるともう一方では効率性が低くなるという問題である。たとえば，輸配送機能と保管機能について考えてみると，輸配送側にとっては規模の経済性から大量に輸配送することがコストの減少となるが，保管側にとっては大量の在庫を抱えることになりコストは上昇する。保管側から考えると少量での保管がよいわけだが，そのためには多配送してもらわなくてはならない。それは結果として輸配送コストの上昇となる。

　また，製品が多品種化したことで，商品ごとに販売量に差がでてくることは説明するまでもない。どの製品をどの程度輸配送するのか，保管業者がどの程度在庫を持つ必要があるのか，それぞれの機能，諸活動で連携する必要に迫られる。

〈2〉ロジスティクス・マネジメントとは

　「情報」，「価値」の隔たりから考えてみると，物流の諸活動の隔たりが大きいほど伝達速度は遅くなり，劣化も高くなる。そのため多品種化した現

在の物流の管理は，各機能，各組織で捉えるのではなく，流通全体として最適コストとなるようにそれぞれの活動を統括することが求められる。

こうして，規模の経済性に基づく諸活動の各々が最適化を目指す大量物流を前提とした考え方から，物流に関する全体的で具体的な対象を管理しようとする考え方に移行した。端的にいえば，低コストで，必要なものを，必要なときに，必要な量だけ流通する仕組みである。

図表 8 - 3 に**ロジスティクス・マネジメント**と**物流管理**の違いを記したので，若干補足する（「第 3 章第 3 節 物流・ロジスティクス・SCM」の図表 3 - 3 も併せて参照のこと）。物流管理では**プロダクト・アウト**志向，すなわち製品志向で物流を考える。ロジスティクスでは**マーケット・イン**，すなわち市場志向ということになる。製品志向では「倉庫には××が○○個」といった考え方であるが，市場志向では市場動向から最適化を検討する。

ロジスティクスの目的は，市場適合を意識した適正量に置く。物流では「効率」という言葉が強調されるのに対し，ロジスティクスでは「顧客」，「利益」が強調される。そのため生産，流通の速度をいかに高めるかがロジスティクスの課題になる。

《 図表 8 - 3　ロジスティクス・マネジメントと物流管理の違い 》

	（ロジスティクス以前の）物流管理	ロジスティクス・マネジメント
目標	物流の効率化 （コスト削減）	市場適合 （戦略に基づく効率・効果のバランス）
対象と領域	物流活動 生産（仕入れ）から顧客まで	物流体系 調達から販売物流および最終顧客まで
内容	・プロダクト・アウト ・熟練的・経験的管理 ・輸送および拠点中心 ・コスト・コントロール ・戦術重視	・マーケット・イン ・科学的管理 ・情報中心 ・インベントリー・コントロール ・戦略重視

出所：中田，橋本，湯浅，長峰（2003），p.114

〈3〉サプライチェーン・マネジメントとは

　ロジスティクス・マネジメントの考え方は，あくまでそれぞれの企業単位であった。チャネル全体でロジスティクスを体系化することがSCMであるといえる。

　昨今の環境下では企業単位でロジスティクスを構築しても，流通全体では企業間で「ムダ」，「ムラ」が起きてしまう。そこでマーケティング・チャネル全体でのロジスティクス，すなわちサプライチェーン・ロジスティクスという概念が登場する。それをSCMと呼んでいる。

　ところでSCMでは，単独の企業で実施するロジスティクスよりも複雑で，難しい問題がある。ここでは2つの事柄について述べる。

　1つはサプライチェーンを管理する主体は誰（どの企業がチャネル・リーダーなのか）という問題である。説明するまでもなく，チャネル・リーダーはそのチャネルの流通上のルールを作ることができる。よって，チャネル・リーダーが取引上，自社に有利なルールを作ることもできることから，他社が納得するパワーを持ちえないと認めてはくれない。

　もう1つは企業間でクローズドな情報をどうするのかという問題である。「ブルウィップ効果」と呼ばれるものがある。牛（ブル）用のムチ（ウィップ）からつけられたもので，ムチは手元でわずかな力を加えるだけで先端が大きくしなる。

　図表8-4に示すが，たとえば，小売業者Aが来週からX製品を特売にしようと卸売業者に通常の2倍の量を発注したとする。卸売業者はA社が特売をしようとしていることを知らなければ，もしかするとヒット商品になるのかも，あるいは他の小売業者からも同様の発注があるのかもしれないと，品切れが起きないように，小売業者Aからの注文数よりも多めにメーカーに発注する。メーカーも同様に品切れが起きないように，卸売業者からの注文数よりも多めに生産する。小売業者Aは特売が終わると元の

図表8-4　ブルウィップ効果の例

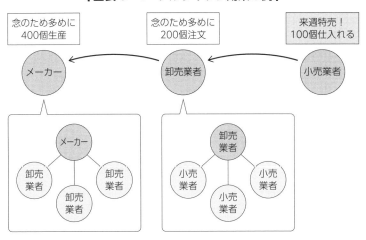

数量の発注に戻すだけだから，一時的な発注量の増大が，サプライチェーン上の在庫を必要以上に増大させてしまうことになる。

　前者はサプライチェーン全体の統制の問題，後者は企業間の情報の問題である。前者についてはすでにチャネル・リーダーのパワー基盤として説明しているので（「第2節〈3〉製販一体の良好な関係」を参照），後者について説明する。

　当該企業が他のチャネル・メンバーとビジネス上のパートナーであったとしても，そのチャネル・メンバーは当該企業の競合他社と取引しているかもしれない。その場合，当該企業の商売上の情報が競合他社に漏洩してしまう可能性もある。そのため，共存するサプライチェーンのチャネル・メンバーに対しても，必要最小限の情報しか伝えたくない。

　こうした問題を解決することがSCMには求められるのである。

第9章

SCMの背景

1 SCMのはじまり

　SCMは，米国において誕生し，発展，普及した。ここではSCMのベースとなる技術や背景となる米国の動静を振り返る。

　1980年代初頭，米国は貿易赤字と財政赤字（いわゆる「双子の赤字」）という状況に陥っていた。日本経済が繁栄する半面，米国経済は衰退していた。日本企業の米国の不動産，企業買収が相次ぎ，電化製品・自動車などのハイテク製品によって日米貿易摩擦といった問題が起きていた。

　1985年の先進5ヵ国（G5）蔵相・中央銀行総裁会議において，米国の「双子の赤字」解消のためドル高を是正するため，プラザ合意が行われる。それによって，大きく円高が進むことになる[50]。しかし，米国経済の悪化は，為替レートだけではなく，米国製造業の国際競争力が低下していたことにもある。

　自動車，家電製品，半導体，工作機械などの分野は，日本企業にシェアを奪われていた。そして繊維や衣服製品はNIEsをはじめとする新興工業国からの輸入が増大し，米国企業は技術革新と生産性の向上を課題としていた。

　衣服製品については，NIEsをはじめとする新興工業国を中心に，1960年代初頭には金額ベースで2.5%にすぎなかった輸入品のシェアが，70年代初頭には約10%，70年代後半には約30%，80年代後半には約55%へと拡大していた[51]。

　ハイテク製品については，マサチューセッツ工科大学（MIT）をセンターとした国際自動車研究プログラム（International Motor Vehicle Program：

---

[50] プラザ合意前は1ドル240円程度だったが，1年ほどで120円水準まで低下する。
[51] 村田勝幸（1996）「グローバリゼーションのなかの米国衣服産業―アジアNIEsとマキラドーラの役割を比較して―」『土地制度史學』第153号，pp.17-31。

IMVP）によって，また繊維産業では，コンサルタント・ファームであるKSAの調査報告がもとになって，議論がされるようになる。

2 小売業における流通管理の発展過程

〈1〉バーコードの普及

　小売業において本格的なコンピュータによる販売管理は，バーコードが普及する1980年代にあると考えることができる。国内では1970年代にバーコードが登場するが，規格化の問題やバーコードの印刷・管理費用等のメーカーの負担などから，積極的に導入されなかった。

　セブン - イレブンが1982年に第2次総合店舗情報システムを導入したことが，国内でのバーコード普及の嚆矢になったのではないだろうか。第2次総合店舗情報システムにはPOSシステムが備えられており，1983年に全店に配置される。当時の商品にはバーコードがついていなかったが，セブン - イレブンの説得により，1年後には全商品の7割にバーコードがつけられるようになる[52]。

　米国小売業のバーコードの普及もほぼ同時期であった。

〈2〉米国小売業におけるQRの普及

　小売業において，SCMの前段階として普及したのはQRである。QRとは「必要なときに」，「必要なものを」，「必要な量だけ」，「必要としている場所へ」，「適正な価格で」提供する仕組みである。品切れ，販売ロスを起こさないためのものといえる。

---

[52] 川辺信雄（1994）『セブン - イレブンの経営史』有斐閣。

《図表9-1　KSAによるアパレル業の調査報告》

```
米国アパレル業の年間総売上高              1000億円
  ①見切り処分（値引き販売）
  ②欠品による（販売ロス）
  ③過剰在庫による金利負担，その他経費
        …①～③による損失    250億円の損失

アパレル製品の流通期間              全体で66週間
  製造や加工に費やされた期間            11週間
  在庫で滞留している時間               55週間
  （発注待ち，出荷待ち，包装や値付け待ち）
```

出所：岩島，山本（1996），pp.11-12，筆者の整理

　発端は1985年のコンサルタント・ファームであるKSAの調査報告にある。その調査報告について，図表9-1に整理し，補足する[53]。

　特筆したいことはアパレル製品の流通期間である。当時は製品化され，店頭で販売されるまでの期間が66週間，1年3か月ほどもかかっていたという。トータルで55週間，約1年が在庫滞留時間ということになる。実際，この調査報告書を確認するために，製造・販売企業が共同でサプライチェーンを見直したパイロットテストをしたところ，実際の売上が30～60%増，在庫回転率は30～90%上がったようである。

　衣料品の場合，製造から販売までの期間は短いほどよい。1年後の流行を予測することは不可能であるからだ。売上増はそうしたことも一因にあるだろう。いずれにしてもこうした結果から，ウォルマートをはじめとする米国小売業はサプライチェーンを見直し，迅速な対応を行うQRに関心を持つことになる。製販一体化である。

　QRでは情報技術を活用しなくてはならない。まず対象となる製品にバーコードをつけ，POSレジを導入した。これが米国での本格的なバーコード

---

[53] 岩島嗣吉，山本庸幸（1996）『コンシューマーレスポンス革命』ダイヤモンド社。

の普及の契機になったといえるだろう。1986年に，米国繊維産業が**電子データ交換**（Electronic Data Interchange：EDI）に関する標準化をはじめる。米国のEDIの標準化機構であるVICS（Voluntary Interindustry Commerce Standards Association）もこの頃に誕生した。後述するCPFR（Collaborative Planning Forecasting and Replenishment）はVICSが推進している。SCMで基盤となる技術の標準化はこの頃に誕生したものといえる。

1990年代初頭には，**効率的消費者対応**（Efficient Consumer Response：ECR）という言葉で食品スーパーマーケットを中心に浸透する。QRがアパレル産業で研究されていたのに対して，ECRは食品，日用品といったグロサリー業界で研究されている。その仕組み，概念は同様のものである。先に述べたように，この仕組みにはデータをデジタル化するためのPOSレジ，そして商品にはバーコードが不可欠になる。アパレル製品と比較して，グロサリー製品は品数が圧倒的に多い。1990年代初頭にはバーコードおよびPOSレジが，さまざまな店舗や商品に浸透したことがわかる。

第7章で説明した小売業のロイヤルティ・カードを用いたCRMは，この頃からはじまったということが推察できるだろう。

3 SCMの事例

〈1〉小売業のSCM －ウォルマートの事例－

① ウォルマートの紹介

周知のように，ウォルマート（1969年設立）は売上高世界一の企業である。2024年において，日本円で100兆円に迫る企業である。国内1位のトヨタ自動車の約2倍の売上高である。

第2部 サプライチェーン・マネジメント

　1962年に1号店がオープンし，1972年にニューヨーク証券取引所に上場する。米国の同業のスーパーマーケットを手がける代表的な企業にはクローガー（1883年設立），シアーズ（1893年設立，2018年破産申請），Kマート（1899年設立，2005年シアーズと経営統合），ターゲット・コーポレーション（1902年設立），コストコ（1983年設立），またネット通販ではあるが，アマゾン・ドット・コム（1994年設立）などがある。

　図表9-2に設立時からの業績推移を見てみる[54]。売上は設立時の1969年には2100万ドル（net sales）であったが，1980年には12億ドル，1990年には258億ドル，2000年には1650億ドル，2010年には4000億ドルになる。それ以降は，Amazonなどのネット通販会社との新たな競合がはじまり，利益にばらつきは見られるが，それでも成長は続いているようである。ウォルマートの規模をイメージしやすくするために，その売上高を世界各国のGDP（Gross Domestic Product：国内総生産）と比較してみる。

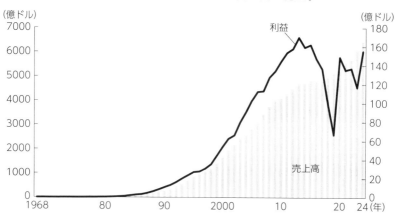

図表9-2　ウォルマートの売上高と利益

出所：ウォルマート・アニュアルレポートより

---

[54] Walmart公式サイト・アニュアルレポートより。

ウォルマートの売上高と同等の GDP の国のランキングは 20 ～ 25 位程度,国としてはアルゼンチン,ベルギーなどがある。

さて,EDLP(Everyday Low Price)[55]やサンダウン・ルール[56]など,ウォルマートを議論する場合にはさまざまな観点から見ることができる。しかし,本書は「流通」,「SCM」をテーマにしているため,それに関係するところだけを紹介したいと思う。

② ウォルマートの情報流通

ウォルマートは創業して間もない 1973 年にコンピュータを導入し,業務処理システムをはじめる。売上高 1 億ドル,利益が 500 万ドル(net income)程度のときであった。1980 年から EDLP の提唱,POS の導入をはじめる。当初の POS システムは物流センターの検品が主であったようである。1980 年に食品管理にバーコードを使用し,1981 年に POS レジを導入,1988 年には 90% の店舗で使用される[57]。

また 1983 年には 2400 万ドルの投資をし,本部,配送センター,店舗間でデータ通信をするための人工衛星を打ち上げる。当時は,売上高は 33 億ドル,利益が 1200 万ドル程度であった。会員カードをスキャンし,買い上げ商品の登録をする。収集したデータは人工衛星を介して,本部や配送センターに送られた。購買動向の分析のためである。コンピュータ機器を設置するために,本部の隣にビルも建設した。1987 年に民間最大の衛星ネットワークが完成する。人工衛星を含めて 7 億ドルの費用を要した。一見,会社の規模に見合っていない過剰投資にも見える。しかし,ウォルマートが情報技術に高い関心を持っていたことがわかる。先に述べた QR

---

55) EDLP とは特売期間を設けずに,年間を通して低価格で販売する手法のこと。
56) 顧客からの要望は「日が沈む前(その日のうち)に片づける。行動を起こす」という行動規範。
57) 根来龍之,吉川徹(2006)「模倣困難な IT 活用は存在するか?-ウォルマートの事例分析を通じた検討-」『早稲田大学 IT 戦略研究所ワーキングペーパーシリーズ』No.21.

とほぼ同時期である[58]。

他方では**ベンダー管理在庫**（Vendor Managed Inventory：**VMI**）の基礎となる製販同盟の取り組みも行われた。

ウォルマートでは P&G と製販提携を結ぶことにより、QR を全製品に拡大する基礎を作った。そして P&G が棚割や仕入れ量を決定し、納入するシステム（VMI）を実施することになった。これにより在庫が 30 日分から 2 日分へと大幅に圧縮されたといわれている[59]。

ウォルマートの創業者で CEO（Chief Executive Officer）のサム・ウォルトンと P&G の VP（Vice President）であるルー・プリチェットが、プライベートのカヌー旅行で話し合いの場を持ったようである。ウォルマートと P&G は互いの顧客に関心を持っていながらも、メーカーと小売業者の立場で対立していた。そのため、情報の共有、協働プラン、組織調整が行われておらず、余計なコストが生じ、その結果として顧客に負担を強いることとなった。このような経緯から、両社の間で今後は互いに協力し合おうという結論に至ったようである[60]。ウォルマートと P&G の**製販同盟**と呼ばれる戦略的パートナーシップである。

ウォルマートと P&G は **EDI** を利用し、情報共有をし、店舗の棚割や仕入れ量の決定および自動発注と補充を、P&G が担当することになった。仕入れにかかわる商品代金の支払いは、ウォルマートで商品が購入された後に電子決済される。またそれによって、中間業者も排除され、ウォルマートと P&G は直接取引することになった。

図表 9-3 に製販同盟のメリットについてまとめる。ウォルマートと P&G だけではなく、消費者にとっても大きなメリットがあることがわか

---

[58] 西山和弘（2002）『ウォルマートの真実—最強の IT 最大の顧客満足—』ダイヤモンド社。
[59] Berman, B. (1996) *Marketing Channels*, John Wiley and Sons.
[60] Walton, S and J, Huey (1992) *Sam Walton, Made in America: My Story*, Dell Publishing.（竹内宏監修（1992）『ロープライス エブリデイ』同文書院インターナショナル）

《図表9-3　ウォルマートとP&Gの製販同盟のメリット》

```
         ┌─────────────────────────────┐
         │ ウォルマート                │
         │ ●ペーパーレス化による間接コストの削減 │
         │ ●人員整理・再配置による人件費の引き下げ │
         └─────────────────────────────┘
                      ↑
┌──────────────┐    ↕    ┌──────────────┐
│ 共通         │  ←→     │ 消費者       │
│ ●取引コストの削減 │         │ ●販売価格の低下 │
│ ●在庫コストの圧縮 │         │ ●品切れの減少 │
│ ●流通コストの削減 │         │              │
└──────────────┘    ↕    └──────────────┘
                      ↓
         ┌─────────────────────────────┐
         │ P&G                         │
         │ ●マーケティング計画の立案・実現が容易 │
         │ ●計画的な生産と原材料の調達 │
         └─────────────────────────────┘
```

る。

　もちろん，これはEDIを介した自動発注・商品補充システムであり，QRによるウォルマートとメーカー間を繋ぎ，売れ行きの動向を伝達する仕組みができていたから可能になった。見込み生産による過剰在庫と在庫不足による販売ロスを失くせるようになっていたからである。

　また，想像ではあるが，P&Gが製販同盟のパートナーにウォルマートを選んだ理由は，人工衛星を自前で持つように情報に高い関心を持っていたからではないだろうか。当時，ウォルマートは売上高150億ドル程度で，米国小売業の中では中規模の企業にしかすぎない。現在，圧倒的な規模を誇るウォルマートではあるが，当時の売上高第1位はシアーズであり，その3分の1程度の売上高でしかなかった。よって，日用品世界最大手のP&Gが戦略的パートナーシップを組む小売業としては不釣り合いである。

　その後，ウォルマートはP&Gだけではなく，他メーカーとも製販同盟を結び，多くのメーカーに対してP&Gと同様の仕組みを取り入れていく。

③ ウォルマートのSCM

　ウォルマートは，取引先であるメーカーと戦略的パートナーシップを構

築し，在庫水準の低下，品切れ防止，発注の迅速化が可能になった。またウォルマートと戦略的パートナーシップを築いたメーカーは，ウォルマートからの情報提供により，店頭および物流センターの販売・在庫水準分析を行えるようになった。

戦略的パートナーシップはWin-Loseの関係では長く続かない。互いに補完できるWin-Winの関係を構築する必要がある。

1991年にリテール・リンクと呼ばれる**データ・ウェアハウス**（データベース）の構築をはじめる。データ・ウェアハウスは端的にいえば，すべてのデータを統合し，変更のないRowデータ（生データ）のことである。RDB（Relational DataBase）はデータの整合性を確保するために，データを変更した場合は過去のデータまで最新の変更状態が反映されてしまう。

たとえば，顧客が引っ越しをした場合，引っ越し前と引っ越し後では来店する頻度などに違いが生じることは容易に想像できるだろう。しかし，RDBを用いたデータベースで住所変更をした場合，データ上は変更前と変更後の区別がつかなくなる。以前の住所はRDBには存在しなくなるからである。データ・ウェアハウスでは過去のデータが変更されないため，そうしたことはない。

これまで，データ・ウェアハウスはRDBと比較して，コンピュータにかかる負担が大きいため，あまり利用されていなかった。

ウォルマートの取引先は**リテール・リンク**にアクセスすることで，地域，店舗ごとに自社商品について過去104週間の売上，在庫出荷状況を知ることができる。そしてそれを用いて，今後の販売トレンドの予測，店舗ごとの納品数量や販売促進などの提案を求められる。

リテール・リンクでは，商品の販売予測，店舗ごとの客層分析，競合店が行う販売促進の影響予測，サプライヤーの発注充足能力分析などが可能である。取引先は競合相手の納入価格を除いて，ウォルマートのバイヤーが見られるデータと同じものを見ることができる。1999年にはデータ・

ウェアハウスの容量が100テラバイトを超えた[61]。

昨今，小売業でビッグデータが喧伝されているが，1990年代に構築したウォルマートのリテール・リンクはそのはじまりといえるだろう。ウォルマートではそれを自社にとどまらず，取引先に対して公開した。

1991年にリテール・リンクを構築した後も，在庫管理をより精緻なものにしようと，1996年に，現在ではCPFR（Collaborative Planning, Forecasting and Replenishment）と呼ばれる仕組みに着手する。多くのメーカーはいつ来るかわからない小売業者からの注文のために，安全在庫を確保し，輸配送業者を抱えている。また，第8章で説明した「ブルウィップ効果」のようなサプライチェーン内の各企業の思惑により，他社の在庫を増やしてしまう。ウォルマートは取引先であるメーカーと協力して，生産計画や販売計画，需要予測，補充作業を行った。医薬・消費財のワーナー・ランバートとこれらの実験を行い，25%の在庫を削減した。

1998年にリテール・リンクをWebに移す。それまでと異なり，インターネット上でリテール・リンクを使用できるようになり，ウォルマートの多くの取引先が参加することになった。1999年には約7000社の取引先がリテール・リンクを使用している。

④ リテール・リンクによる自動発注・自動補充システム

図表9-4に当時のリテール・リンクによる補充のデータフローを示す。若干の説明は加えるが，本書ではリテール・リンクの補充の流れを説明するにとどめる。技術的な事柄については省略する（Westerman（2000）（日本NCR株式会社監修（2003））[62]を参照）。

リテール・リンクを用いた補充の流れは以下のとおりである。

先に述べたとおり，ウォルマートでは自動発注・自動補充で，補充・発

---

61) 西山和弘（2002）『ウォルマートの真実—最強のIT最大の顧客満足—』ダイヤモンド社。

《図表 9-4　リテール・リンクによる補充のデータフロー》

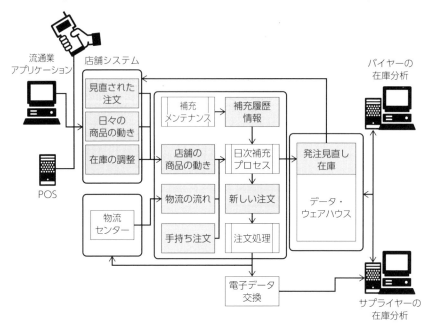

出所：日本 NCR 株式会社監修（2003）

注の責任の所在は店舗部門責任者である。毎朝6時に商品の注文リスト案が届く[63]。この注文リストから，商品を削除したり，修正したりする。昼までにリストを修正しなければ，自動的に発注が実行される。これが自動発注・自動補充の基本的な仕組みである。

補充発注システムでは，商品が補充プロセスに入ると，発注見直し点が設定される。発注見直し点では，次回の注文の各店舗の商品の在庫を見直

---

[62] Westerman, P. (2000) *Data Warehousing: Using the Wal-Mart Model*, Morgan Kaufmann.（日本 NCR 株式会社監修（2003）『ウォルマートに学ぶデータ・ウェアハウジング』翔泳社）
[63] ハンドヘルド RF ターミナル（携帯情報端末）。

す日付を設定する。この日付は，商品の売上推移やリードタイムに基づいて決められる。

1）システムは発注が必要だと判断したら発注案を作成する。
2）発注案記録はデータ・ウェアハウスにロードされ，本社から店舗に転送される。
3）店舗部門責任者はハンドヘルドRFターミナルで発注案を見て，価格の変更などをする。
4）注文が決められたら，その情報が本社コンピュータに戻され，補充システムが発注する。
5）倉庫から補充できなければ，EDIを通じてサプライヤーに注文する。
6）発注は注文システムとデータ・ウェアハウスに登録される。
7）倉庫システム（サプライヤーから商品を受け取って）は店舗に商品を「割り当て」る。
8）倉庫システムの「割り当て済み」レコードはデータ・ウェアハウスのシステムに転送される。
9）データ・ウェアハウスのシステムは「割り当て済み」レコードを店舗内のシステムに移動させる。
10）倉庫が注文された商品を出荷したら，その商品は「輸送中」となり，そのレコードがシステム内に流される。
11）店舗が商品を受け取ったら，その商品の「仕入れ済み」レコードがシステムを通じて返送される。
12）発注が完了する。

図表9-4のデータ・ウェアハウスから店舗へのフローは，「注文の見直し」と「物流倉庫情報」が店舗のシステムに転送する場合である。またデータ・ウェアハウスからバイヤーやサプライヤーの在庫分析，意思決定支援システムへのデータの移動もある。EDIを通じて物流センターに直接発注

することができる。データ・ウェアハウスを通じて，各所の担当が修正および決定したさまざまなデータを，店舗担当者，バイヤー，サプライヤーで確認でき，それらが今後の自動発注・自動補充に反映される。

ウォルマートのSCMとして捉えれば，図表9-4から確認できるように，サプライヤーはEDIとリテール・リンクの双方からウォルマートとつながっていることがわかる。第1部で流通の3種類の流通フローの説明をした。「商流」，「物流」，「情流」である。ウォルマートではそれらすべてがEDIとリテール・リンクによってサプライヤーと接続していることがわかるだろう。1990年代のウォルマートが構築した当初のリテール・リンクは，それらを実現していた。

⑤ 他小売業者の取り組み

QRおよびECRの導入以降，2000年までウォルマート以外の小売業者に，革新的な情報技術の利用が行われた形跡はない。もちろん，1995年にテスコがクラブ・カードを発行し，小売業におけるCRMのモデルケースとされる顧客分析などは行われていたが，自社内にとどまったものであった。インターネットがグローバルな情報伝達の手段と喧伝されていたが，ウォルマート以外の小売業では，他社をも含むグローバルな情報ネットワークの形成のような利用形態は行われていない。

そこには，外部に情報を伝達することが競合他社への情報漏洩につながってしまうという発想があったのだろう。また当時は2000年問題が社会で問題となっていた。2000年問題とは，コンピュータの日付処理に不具合が出ることで大きな障害が発生する可能性があるというものである。ウォルマート以外の小売業者が，新規の積極的な情報化投資がされなかったことを理由に，2000年問題を挙げる論者もいる。

いずれにしても，その間にウォルマートは多くの取引先を自社のパートナーとして取り込んでいった。

2000年に入るとWWRE，GNX，TRANSORAなどといったインターネットによる企業間取引（Business to Business：B2B）のサイトが登場する。数多くのB2Bサイトが登場したが，世界的なB2BサイトとしてはWWRE，GNX，TRANSORAであろう。

WWREはロイヤル・アホールド（2000年小売業世界4位，蘭4位），Kマート（同8位，米3位），テスコ（同13位，英1位），そして国内からはイオン（同18位，日1位）など，世界の大手小売業者11社が創設したものである。

GNXはカルフール（同2位，仏1位），シアーズ（同7位，米2位），オラクル[64]の3社が創設した。その後，メトロ（同6位，独1位）もGNXに参加した。

TRANSORAは米国食品製造業者協会をメンバーにしたところからわかるように，小売業主体のWWRE，GNXと異なり，メーカー主導のB2Bである。ネスレ，コカ・コーラなどの米国大手食品メーカーが創設した。

こうしたインターネット上の取引については，e マーケットプレイスと呼ぶこともある。

設立半年後にはWWREへの参加企業は38社に上り，総売上高は5960億ドル，GNXは2300億ドルに達する。2000年当時のウォルマートの総売上高は約1600億ドルであった。WWREの総売上高はウォルマートの3.6倍である。取引市場としてはウォルマート1社だけのリテール・リンクよりも，多くの小売業者が参加し，取引額も大きいと思われるWWREやGNXの方が魅力的である。

もちろん，WWREやGNXにもCPFRを行える仕組みはある。よってウォルマートのリテール・リンクと同等のシステムであるといえる。参加企業もすでに1980～1990年代からQR，ECR，そしてEDIを導入して

---

[64] DBMS（DataBase Management Ssystem）を中心としたビジネス用ソフトウェアベンダー。

いる企業が多く，その技術の利用に不足していない。

ところがWWREおよびGNXは，その後も期待した成果が上がらず，2005年末に合併し，Agentrics社を設立する（Agentrics社は，その後，何度か社名を変更している）。WWREおよびGNXの設立はウォルマートに対抗するために，他小売業者が共同で作ったものといえるだろう。しかし，その後もウォルマートとの規模の差は埋めらなかった。米国小売業2位と3位のシアーズとKマートが2005年に合併，そして2018年には連邦破産法11条（日本の民事再生法に相当）の適用を申請した。その他，世界の大手小売業も新旧の入れ替えが起きている。

〈2〉製造業のSCM －トヨタ自動車の事例－

① 製造業における生産性の向上と効率化

これまでSCMとして，ウォルマートを事例に小売業における流通効率化の経緯を説明した。流通効率化は小売業だけでできることではない。製造業者のメーカーもそれに対応していなくてはならない。実は生産性の向上と効率化については，小売業者よりも製造業者の方が早く取り組んでいる。製造業では早くからコンピュータによる生産管理が行われていた。

1つの要因として，工場の機械化が進んでいたこともあるだろうが，大量生産から多品種少量生産への移行が大きな要因であろう。ここでは情報技術利用の側面から生産管理の変遷を説明する。

1960年代から1970年代にかけて，MRP（Material Requirements Planning：資材所要量計画）の導入がはじまった。生産部門や調達部門では，先を見通した安定的な生産計画を期待し，営業部門では需要に応じて生産量の変更を要求する。また財務・経理部門ではコスト面から最適な在庫量を期待する。こうした矛盾したニーズへの最適解を求めることが，その目的にあった。

MRPはマスタースケジュールを作成することによって，資材の所要量

を計画するシステムである．MRP 以前では，使用した資材を補充するという，すなわち過去の使用分を補充するやり方で行われてきたが，需要予想を事前に捉えることにより資材調達を可能にし，在庫量の最適化が図れると考えられた．

ところが，MRP では生産能力や制約条件を厳密に考慮することができないこと，そして何より生産量の変更が生じた場合，マスタースケジュールから作り直す必要があるなど，需要動向に応じた柔軟な計画変更を行うことができなかった．

その後，生産能力計画，人員計画，物流計画までカバーする MRP Ⅱ（Manufacturing Resource Planning：生産資源計画）が登場したが，これも柔軟性の問題を根本的に解決したわけではなかった．需要量に大きな変動がないものについては有用であるが，製品ライフサイクルの短いもの，需要量の変動が大きいものについては使用することが難しい．

1980 年代には CIM（Computer Integrated Manufacturing：コンピュータによる統合生産）が登場する．CIM は設計，生産から営業部門との情報共有を進めることで，自社内の製造・営業活動を協調して実行する仕組みを提供する．

1990 年代には ERP（Enterprise Resource Planning：企業資源計画）が登場することになる．ERP では生産活動，営業活動のみならず，人事，財務などの企業内のあらゆる活動に必要となる資源を管理し，意思決定を支援することを目的にしている．企業内のすべての情報を一元管理することにより，ムダのない，効率的な資源管理ができる．今日では多くの企業で取り入れられている．

振り返ってみると生産現場において，コンピュータ化は積極的に行われてきた．それは企業の発展に応じて，適応範囲を広げてきているといえるだろう．ERP では全社的な取り組みとなっている．

② トヨタ生産方式

　欧米の生産管理の大きな転換点は，IMVP（International Motor Vehicle Program）における日米欧の自動車産業の調査報告にあったといえる[65]。IMVP はマサチューセッツ工科大学にセンターを置く，研究機関である。

　研究プロジェクトの成果は 1 冊の本としてまとめられており，IMVP の誕生と調査研究の目的が記されている。

　　北米や欧州の自動車産業はいまだにヘンリー・フォードの時代とほとんど変わらない大量生産システムに依存しており ……　欧米企業は，貿易障壁などの競争阻害要因を必死で築こうとしていた。これでは真の問題に取り組むのが遅れるだけだ。(沢田訳, 1990, pp.15-16)

　こうした理由から IMVP が誕生したと書かれている。1984 年のことである。日本的な生産方式，リーン生産（Lean Production）方式の研究である。"Lean" とは「ぜい肉をそぎ落とした」という意味になる。後に流通の革新となる EDI および QR のもとになる KSA の調査報告が 1985 年であることからも，この頃に米国産業界と産学連携は SCM をはじめとする生産，流通，情報技術の革新に結びつく。日本が経済的に好調を続け，その後バブルに向かうときに，米国の企業は体質改善を試みていたといえる。

　本項ではメーカーとしての SCM に関連する部分を取り上げる。本書では "The Machine that Changed the World.『リーン生産方式が，世界の自動車をこう変える。(経済界)』" をもとにしている。詳しくはそちらを読んでもらいたい。

---

[65] Womack, J. P., D. T. Jones and D. Roos, (1990) *The Machine That Changed the World: Based on the Massachusetts Institute of Technology 5-Million-Dolla 5-Year Study on the Future of the Automobile*, Simon & Schuster.（沢田博訳（1990）『リーン生産方式が，世界の自動車産業をこう変える。―最強の日本車メーカーを欧米が追い越す日―』経済界）

図表9−5　GM工場とトヨタ工場とNUMMI工場の比較（1986年）

	GMフレミンハム工場	トヨタ高岡工場	NUMMIフリーモント工場
総組立時間／台	31	16	19
欠陥箇所数／100台	135	45	45
平均部品在庫	2週間	2時間	2日

総組立時間　：工場における全作業時間を総生産台数で割ったもの。
欠陥箇所数　：数字はJ.D.PowerInitialQualitySurveyfor1987.から推定。
平均部品在庫：主要部品についての概算平均値。

出所：沢田訳（1990），p.102，一部加筆修正

　1986年当時のGeneral Motors（以下，GM）とトヨタ自動車（以下，トヨタ）の工場の生産性について，図表9−5に示す。トヨタの工場の生産性はGMの工場の約2倍，品質は3倍であるという。在庫の回転もトヨタは2時間であるのに対し，GMは2週間である。トヨタの工場の在庫ははるかに少ないことがわかる。また新型モデル導入にトヨタは数日で対応できるのに対し，GMは数か月間工場が閉鎖して新型モデルに対応する場合もあるという。
　NUMMIはGMとトヨタの合弁企業である。NUMMIでは，従業員はすべて米国のGM工場の人たちで構成され，管理者だけがトヨタから来ており，工場はトヨタの生産方式を完全に実施した。在庫以外はほぼトヨタの工場と形態が一致している。在庫については，部品の大半が太平洋を越えて運ばれてくるため，やむを得ない。それでもGMの工場よりも圧倒的に少ない。このことから，トヨタ生産方式が日本人だからできる生産方式ではないことがわかる。
　もちろん，これが米国の工場すべてにあてはまるわけではなく，当時のフォードは日本のトヨタ工場と同レベルの品質を保持していた。しかし，米国自動車メーカーの取引先工場がリーンな生産方式を取っていないため，生産性の面で現状では日本より低いという結論が出ている。こうしたことは欧州にもいえることで，米国と同様に生産性と品質が不良の工場が

多くあった。

いずれにしても，日本的な生産方式[66]は世界中のどこにでも導入できると結論づけることができる。以降ではこうした取り組みを**リーン生産方式**と呼ぶ。

③ トヨタ生産方式と従来の生産方式の違い

大量生産方式は，フォードによって考えられ，昇華してきたものである。それによって，少数しか購入できなかった高価な自動車は，多くの人たちが購入できる低価格なものとなった。そして高度な技術を持つ熟練職人ではなく，少しの教育を受けた一般の人たちでも自動車を生産できるようになった。

また，フォードが分業と専門化を高度に進めたことは，非常に意義があるといえるだろう。大量生産のはじまりになるＴ型フォード導入前の1908年，一連の作業が終わるまでの1人あたりの平均作業サイクルは514分（8.56時間）であった。それが1913年には2.3分に大幅に短縮される。これにより，生産性は著しく向上した。そして，これ以降も作業員の動作と時間の研究を追求していく。できる限り作業員が作業中に動くことなく，そして疲れることもなく，時間も短縮され，生産性は飛躍的に向上した。その結果，平均作業サイクルは1.19分まで短縮されたようである。

Ｔ型フォードでは使用部品を完全互換化することでコスト削減に結びついた。1920年代はじめには，1908年当時の3分の1の価格で提供できたという。世界に先駆けた大量生産方式によって，1955年には北米だけで世界の70％以上を生産するようになった。

その頃，トヨタ自動車のエンジニア豊田英二がフォード・ルージュ工場を視察する[67]。しかし，戦後間もない日本，そして13年間で2685台しか

---

[66] この場合，トヨタ生産方式（Just in Time），あるいはかんばん方式。

生産していないトヨタと1日に7000台を生産するフォードの工場である。大量生産のフォード方式はできないと結論づけた。当時は，国内市場は小さく，高級車に乗る役人，一般向けには小型車，運搬用の大型トラック，農作業用の小型トラックといった具合に，需要が多岐にわたっていたからである。

　そのため，生産ラインを短時間でトラックから乗用車用に切り替えるなどの工夫が必要であった。また当時は資金力もなく，ムダな部品を仕入れることはできず，また品質エラーの製品を作ることもできない。そのため，生産過程で品質エラーを見つけていく必要がある。フォードでは組み立て終わってからの品質検査であった。トヨタでは当時から完成品を検査するよりも，組立過程で検査も兼ねていた。

　組立過程の検査によって，製品の不良率はフォードよりも格段に少なくなったという。完成品は組み立てが終わっているため，車の欠陥をすべてチェックすることはできない。それが理由のようである。また完成してから不良個所の手直しは非常に手間と時間がかかる。結果的に，大量生産方式のフォード工場と比較して，生産性にさほど違いはなかったようである。これが後に「ジャスト・イン・タイム」と呼ばれることになるトヨタ生産方式のはじまりである。

　トヨタでは必要な部品だけを用意する。それは組立でもそうであり，生産過程の中で詰まっている作業箇所に合わせて生産をする。たとえ個々に作業が中断されるとしても，作業をしてムダに作らない。それぞれの作業箇所を「カイゼン」していくことで作業時間を短縮する。結果として，全体の生産性も向上する。

　大量生産方式は生産工程間で調整を行わず，各工程が独立してベストパ

67）トヨタ自動車のこれまでの経緯については『トヨタ物語』を読んでもらいたい。野地秩嘉（2018）『トヨタ物語―強さとは「自分で考え，動く現場」を育てることだ―』日経BP社。

フォーマンスを発揮するプッシュ型の生産方式といえる。トヨタ生産方式は生産工程間で調整を行い，各工程が密接に連携して全体でベストパフォーマンスを発揮しようとするプル型の生産方式といえる。プッシュ型とは受け取り手を考慮せずに絶えず作り続けるという意味で，プル型とは受け取り手が必要になったときに必要な分を作るという意味である。

　トヨタ生産方式は**多品種少量生産**に適した生産方式であった。トヨタ自動車ではこのような活動を取引する部品業者にも求め，部品業者と一体となった生産体制を構築している。部品業者とは系列企業として，長期にわたる協力関係を築き，新型モデルは系列企業と一体となって，開発・設計をしている。また生産性の向上やコスト削減についても密接に情報交換している（図表9-6）。

　このようなトヨタ生産方式をリーン生産方式と呼んだ。リーン（lean）とは「余分な肉がない／脂肪のない」という意味を持つように，ムダの排除という意味である。その後，**リーン生産方式**の概念は，IMVPにより紹介され，1990年代には世界中の製造業者で取り入れられるようになり，それまでのプッシュ型の生産方式，すなわち供給重視（生産志向）から，プル型の生産方式，すなわち需要重視（消費志向）に大きく転換することに

《図表9-6　トヨタ自動車とその系列の関係》

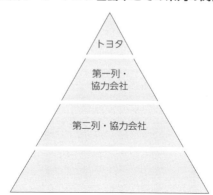

なった。

　リーン生産方式は，SCMにおける生産管理にも大きな影響を与えている。昨今では，あらゆる産業で消費者の多様化が進み，製品のライフサイクルの短縮化がみられる。その結果が，MRP，MRP Ⅱは柔軟性への批判であるし，ERPも市場動向の変化に対応することを目的としたものではない。しかし，それぞれのツールは企業の要望に応えるように統合され，変遷してきたといえる。その結実した形が，製造業のSCMである。

　現状においてSCMのツール群からは，顧客ニーズや動向を探るCRM，需要，生産，物流のスケジューリング機能を担当するSCP（Supply Chain Planning），在庫，受発注管理などの主としてロジスティクスを担当するSCE（Supply Chain Engineering），企業内の業務を統合するERPに分けられている。

4 B2B, 企業間eマーケットプレイス, SCM

　今日では，B2Bも，企業間取引の場としてのeマーケットプレイスも，SCMも，インターネットを前提にした取引という意味では同じものといえるだろう。SCMとは「情報技術の利用によって，実現するマネジメント手法であり，資材の調達から製造，販売，そして最終顧客に至るまでの一連のプロセスをサプライチェーン（供給連鎖）と捉え，サプライチェーン全体で在庫，リードタイムの最適化を目指すもの」である。そう考えると，B2BやeマーケットプレイスとSCMは異なるものであることがわかる。しかし，それぞれの違いについて説明されたものをあまり見かけない。そのため，とても曖昧なものであるといえる。ここで改めてそれらの違いを考えてみる。

　これらの言葉の説明を探すと，B2Bは企業間の電子商取引を意味してい

るようである。インターネット上でEC（電子商取引）を行うとある。一般にはEDIにおいて規格化されているため，企業間の取引でECを実施する場合はEDIを用いるだろう。

　eマーケットプレイスは，インターネット上に作られた企業間取引の場であり，eマーケットプレイスの説明を探しても，ECでの決済に言及していない場合がほとんどである。

　SCMはこれまで説明してきたように，いかに在庫を減らし，生産と販売のリードタイムを短縮できるか。それによって流通上のムダなコストを削減できるとする考え方である。電子商取引によって交渉時間，中間業者へのマージンなどを削減できるため，電子商取引はその説明がなくても必須の機能といえるだろう。

　しかし，電子商取引をしていればSCMかといわれれば，そうともいえない。生産と販売のリードタイムを短縮し，流通上のムダなコストを削減するためには，サプライヤーと同期化する必要がある。そのためには，現在の状況，そして今後予定されていることなどの情報が互いに伝達されていなければ，正確に需要予測することはできない。

　以上のことを図式化すると，図表9-7になる。

　先のWWREやGNXは，多くの企業で利用されるインターネット取引の場であり，電子商取引を行うB2Bではあるが，SCMではなかったのではないだろうか。今日において，SCMを実施するためにはCPFRの実施が不可欠になっている。流通上の企業がそれぞれ単独で効率化しても，流通全体の効率化に結びつかないことはわかっている。WWREやGNXにもCPFRの機能が組み込まれていた。しかし，プライベート・ブランドの生産元や一部取引先とのCPFRは実施されていても，取引先全体と一体になって，生産や販売の計画を立て，自動発注・自動補充まで昇華させた事例はあまり聞かない。

　実際にそれを実施するのは困難を伴うことだろう。ウォルマートは1989

図表 9-7　B2B，e マーケットプレイス，SCM

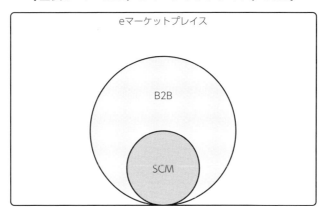

年に P&G との製販同盟をはじめ，その手法を 1990 年代から多くの取引先に広げた。それを情報技術がサポートし，今日の SCM と呼ばれる企業間の関係構築を成立させた。そのため，本書では SCM のモデルとして，事例に挙げたわけである。情報技術を使用して，情報システムを単に構築したところで，SCM を実施できるわけではないのである。

　もちろん，こうした EDI の導入が，将来的に SCM を構築，実施するための過程にあるということは説明できるかもしれない。昨今の情報技術を用いたシステムは，それを利用する人たち，企業や組織，企業間の関係など，それに適応するように成長していく必要がある。それは「図表 7-5 ロイヤルティ・プログラムのデータ活用レベル」で説明したように，CRM もそうであるし，SCM も CRM を取り込んで成長している。本書では説明しなかったが，ERP も SCM と一体化しているところである。

第10章

SCMの規格

1 EDIの背景

EDI（Electronic Data Interchange：電子データ交換）とは，異なる組織間で，取引のためのメッセージを，通信回線を介して標準的な規約を用いてコンピュータ間で交換することである。取引のためのメッセージとは注文書や納品書，請求書などを考えればよいだろう。国内では関係する省庁の支援により，1992年にEDI推進協議会が設立された。業界横断的な標準規約を使用し，オープンな情報ネットワークが必要であるとの認識によるものであった。

米国では運輸業界からEDIの標準化がはじまった。1970年代に**米国運輸協会**（Transportation Association of America：**TAA**）が標準化に取り組みはじめた。1979年には全業界の標準として，**米国規格協会**（American National Standards Institute：**ANSI**）にANSI X.12として認可される。流通業の標準化機構である**VICS**もANSI X.12に準拠している。

欧州では貿易に関する標準化からはじまった。1988年に米欧が共同で**行政・商業・運輸のための電子データ交換**（Electronic Data Interchange for Administration Commerce and Transport：**EDIFACT**）が制定され，**国際標準化機構**（International Organization for Standardization：**ISO**）に登録（ISO9735）される。

国内では系列企業間でのオンライン受発注システムの標準化が，1980年を前後して確認されている。しかし，これは標準化したものとはいえず，EDIとは呼べないだろう。ほぼ同時期に小売業界での**電子発注システム**（Electronic Ordering System：**EOS**）が確認できる。従来まで電話，FAXなどで行っていた発注をデジタル化したものである。

1980年に日本チェーンストア協会と通商産業省が，卸売業とメーカーの間のデータを送受信する**JCA手順**を，1983年には全国銀行協会による

日本銀行と各金融機関と利用者の間のデータ交換に使用される**全銀協標準通信プロトコル**をそれぞれ制定している。これが国内において，最も古いEDIになるだろうか。

　これらは公衆回線，INS（ISDN）回線・専用線の使用を前提としていたため，現在の光通信，インターネット回線では，このEDIは使用できなくなった。日本チェーンストア協会と日本スーパーマーケット協会では2007年に**流通BMS**（Business Message Standards），全国銀行協会では1997年に**全銀協TCP/IP**を制定した。また，JCA手順の後継プロトコルとして**JX手順**を制定した。

　製造業では**日本電子機械工業会**（Electronic Industries Association of Japan：EIAJ）が，1987年に**EIAJ-EDI標準**を制定する。その後，1991年には**CII標準**がEDIの標準となった。ちなみに，日本電子機械工業会は2000年に日本電子工業振興協会（JEIDA）と統合し，**電子情報技術産業協会**（JEITA）となっている。

2　流通EDIの現状

　本書では流通に関することを扱っている。そのため，本項では**流通EDI**について紹介する。**図表10-1**に，国内のこれまでの流通EDIの動向を示す[68]。

　1988年に，EDIの国際標準として**EDIFACT**が制定された。その後，国際連合の下位機関である**UN/CEFACT**（United Nations Centre for Trade Facilitation and Electronic Business：貿易簡易化および電子ビジネスのた

---

[68] 坂本尚登（2010）「11群社会情報システム 6編流通情報システム 5章EDI／標準化」『知識ベース　知識の森』電子情報通信学会。

図表10-1 流通EDIの標準化の歩み

年月	動き
1980年7月	日本チェーンストア協会（JCA）情報システム委員会が「取引先データ交換標準通信制御手順」
1990年代	・JCA-H手順制定（1991年，日本チェーンストア協会） ・JEDICOS制定（1997年，流通システム開発センター）
2000年以降	JEDICOS-XML研究（2001年度～2004年度，流通システム開発センター）
2005年1～2月	経済産業省の流通サプライチェーン全体最適化事業の一環として，イオンと卸7社（日用品，加工食品業界）がインターネットEDIの実証実験を実施
2005年6月	日本チェーンストア協会と日本スーパーマーケット協会が情報システム委員会を合同開催。イオンの実証実験の成果も踏まえて，次世代の標準EDIの検討を経済産業省事業の一環で行うことを合意
2005年8月	両協会加盟の主要12社による「次世代EDI標準化WG」の検討がスタート
2006年6月	2006年度の次世代EDI標準化WGがスタート。参加企業は17社に
2006年10月	基本6業務の次世代EDI標準メッセージ案が固まる
2007年1～2月	小売4社（イオン，ダイエー，平和堂，ユニー）と卸9社（菱食，伊藤忠食品，花王販売，パルタックなど）が参加したEDIの共同実証が行われる
2007年4月	共同実証で実運用性と期待効果が確認された次世代EDI標準メッセージを「流通ビジネスメッセージ標準（Ver1.0）」として公開
2007年5月以降	次世代EDI標準化WGを「スーパー業界商材拡大WG」と改称し，流通BMSの対象業種拡大（生鮮，アパレルなど），情報共有型メッセージ（商品マスタやPOSデータ），新たなビジネスモデル（預り在庫型センター取引など）を継続検討。また，スーパー以外の小売業態（百貨店，ドラッグストア）でEDIや商品マスタ項目の標準化が検討されている
2008年3月	スーパーとアパレルメーカーの共同実証を経て，流通BMSのVer1.1を公開

出所：坂本尚登（2009），「11群　社会情報システム　5章　EDI／標準化」『知識ベース』（電子情報通信学会），4（34），p.3，一部加筆修正

めの国連センター）において，UN/EDIFACTが制定される。またUN/CEFACTは，2001年にe-ビジネス標準を推進する非営利国際コンソーシアムである**構造化情報標準促進協会**（Organization for the Advancement of Structured Information Standards：**OASIS**）と共同で，**ebXML**（Electronic Business using eXtensible Markup Language）の仕様を公開した。ebXMLとはXMLを用いたインターネット上の企業間電子商取引の

仕様である。

　国内では1996年にEDIFACTに準拠するJEDICOS（Japan EDI for Commerce Systems）が制定される。国内でEDIについて関心が多く持たれるようになったのは，2000年以降からだろうか。PCが広く企業で普及し，2000年問題も片づいたことが1つの要因にあるだろう。インターネットを用いたEDI（Web-EDI，あるいはインターネットEDIと呼ばれる）の実証実験が行われるようになる。JEDICOSをはじめ，国内向けバーコードであるJANコードの管理統括や流通に関する標準化は，一般財団法人流通システム開発センターで行われている。2007年には流通BMS（Business Message Standards：流通ビジネスメッセージ標準）が，経済産業省の「流通システム標準化事業」により制定された。

　EDIのプロトコルは標準化が進められてきたものの，ここにきて複数の通信プロトコルが誕生している。代表的なものとしては以下のようなプロトコルがある。ebXML以外には，インターネット技術を標準化しているインターネット技術タスクフォース（The Internet Engineering Task Force：IETF）のEDIINT AS2がある。IETFはRFCを管理する組織である。RFCは，インターネットで使用される規格，たとえば，HTTPやFTP，TCP，IPv6などの規格を記している（たとえば，IPv6はRFC2460，EDIINT AS2はRFC4130で規格された）。ebXMLはアジア圏で広がりをみせ，EDIINT AS2は欧米を中心に普及し，ウォルマートやAmazon.comでも採用されている。

　またその他には，欧州自動車業界で使用されているOFTP2プロトコルもある。

　流通システム開発センターによる流通BMSは，通信プロトコルとして，図表10-2にあるようにebXML MS，EDIINT AS2，JX手順の3種を採用している。

　図表10-3に流通BMSの業務プロセスを記す[69]。

図表10-2　EDIの主要な通信プロトコル

名称	概要	流通BMS
ebXML MS	UN/CEFACTとOASISによって開発された通信プロトコル	○
EDIINT AS2	IETFによりRFC4130として標準化された通信プロトコル HTTPとMIMEをベースとしている	○
JX手順	SOAP-RPCをベースに中小企業向け JCA手順の後継プロトコルとする日本独自の規格	○

図表10-3　流通BMSの業務プロセス

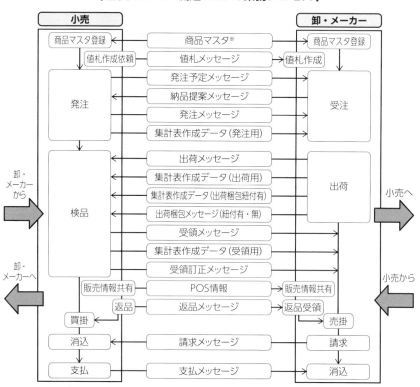

※流通ビジネスメッセージ標準(商品マスタ)　商品メッセージに関する運用については、2011年11月公開の「運用ガイドライン(商品マスタ編)」を参照のこと。

出所:「流通ビジネスメッセージ標準®(基本形 Ver1.3.6) 運用ガイドライン」, p.17

2016年には，中小企業庁から**中小企業共通EDI標準**が公開された。新たなEDI標準の策定である。これは「これら（流通BMSなど）の新しいインターネットEDI標準は通信方式としてインターネットを利用し，交換するEDIファイルはXMLフォーマットである。ただし業界固有のフォーマットが策定されたため，業界EDI間の接続は実現していない。」ことから策定されたようである[70]。

3. 今後，期待される電子（IC）タグ

Kitaca，Suica，ICOCAなどの交通系ICカード，WAON，nanaco，iDなどの電子マネーのカードなどを多くの人が持ちはじめている。これらは**ICタグ**と呼ばれ，**RFID**（Radio Frequency Identification）の技術を用いたデバイスの総称である。**非接触ICカード**（RFカード）とも呼ばれる。その他にもスキー場の自動改札，回転寿司の皿など，使用用途は広がっている。

電子タグはバーコードに変わるものとの期待がある。身近なところでは株式会社ファーストリテイリングのユニクロ，GUの無人レジを見たことがある人もいるだろう。商品のタグ（下げ札）に電子タグがついており，それを読み取っている。次世代のSCMは商品のバーコードを電子タグにしたものになるともいわれ，ウォルマートは2002年から取り組みをはじめた。

経済産業省では2004年に響プロジェクト（2004～2006年）を発足した。電子タグの普及を目的に，低価格電子タグ（1個5円を目標に）の開

---

[69] 流通ビジネスメッセージ標準®（基本形 Ver1.3.6）運用ガイドライン。
http://www.dsri.jp/ryutsu-bms/standard/standard01_1.html
[70] 平成28年度「経営力向上・IT基盤整備支援事業（次世代企業間データ連携調査事業）」。
https://www.itc.or.jp/datarenkei/j_edi/firstedition.html

発を目指したものである。2年間のプロジェクトであったが、大量生産をすればという条件はつくが、実現に目途がついた[71]。2008年には経済産業省が、電子タグ・電子商取引イニシアティブという政策を提示しているように、2000年代に入り、電子タグの積極的な普及に関心を寄せているようである。電子タグ・電子商取引イニシアティブとは、インターネットによる電子商取引を前提に、物流と情報システムを媒介とし、電子タグを組み合わせることで、情報・物流システムの革新とそれによる企業活動の生産性向上を目指すものである[72]。

各業界においても、電子タグの実証実験が行われている。2005年には「電子タグ活用による繊維業界SCM基盤整備」として、繊維業界とアパレル業界での電子タグ活用が模索されている。2006年には「電子タグを活用した家電業界における物流・金流の高度情報活用実証実験事業」として、家電業界において実証実験が行われた。そこでは、量販店での大幅な費用削減が可能であることが示された[73]。

このような流れはこれ以降も続く。2017年にはローソンとパナソニックが共同で、電子タグを用いた無人レジの実証実験をはじめた。7万点の商品に電子タグを貼りつけて、カゴの中の商品情報を一度に読み取る仕組みである。同じく2017年、経済産業省では、2025年までにセブン-イレブン、ファミリーマート、ローソン、ミニストップ、ニューデイズのすべての商品（推計1000億個／年）に電子タグを利用することで合意した。人手不足と労務コスト、またサプライチェーン全体としては食品ロスや返品といったさまざまな課題に対応するためである[74]。

---

[71] 『日経流通新聞』「第2部eリテール特集—ICタグ、普及に総力、標準化の推進カギ」2006年3月6日。
[72] 財団法人 流通システム開発センター（2008）「流通・物流業界におけるRFIDロードマップ」3月。
[73] 財団法人流通システム開発センター（2008）「EPC RFIDシステム導入における検討事項調査報告書—電子タグ導入における先進事例研究—」3月。

同様に2018年には，経済産業省が日本チェーンドラッグストア協会と共同で，同じく2025年までにドラッグストアの商品に電子タグを利用することにも合意している。

　2018年には，ファミリーマート経済産業省店，ローソン丸の内パークビル店，ミニストップ神田錦町3丁目店で実証実験を行った。商品に貼りつけられた電子タグを読み取ることにより，特定の商品が，いつ，どこに，何個あるのかといったデータを取得し，これらのデータをサプライチェーンで情報共有できる環境の整備を目的としている[75]。UCC上島珈琲，江崎グリコ，カルビー，東洋水産，プロクター・アンド・ギャンブル・ジャパン，ヤマザキ製パン，ライオンが協力，電子タグを提供する大日本印刷や物流，卸売事業者も協力した。

　2019年には，特に店舗と生活者との連携を目的に，ウエルシア 千代田御茶ノ水店，ココカラファイン清澄白河店，ツルハドラッグ目黒中根店，ミニストップ神田錦町3丁目店，ローソン ゲートシティ大崎アトリウム店で実証実験が行われた[76]。これ以降も，食品ロス削減を目的としたもの，災害等の非常時・緊急時の商流・物流などのさまざまな実証実験を行っている。

　ところが，経済産業省の目論見であった2025年のコンビニエンスストア，ドラッグストアにおける電子タグの利用は延期，あるいは中止になったようである。先の経済産業省との合意の留保条件として，電子タグの単価（ICチップ＋アンテナ＋シール化等のタグの加工に関する費用）は1円以下としている。現状では，1枚10円程度であるが，すべての商品に利用

---

[74] 経済産業省（2017）「「コンビニ電子タグ1000億枚宣言」を策定しました─サプライチェーンに内在する社会課題の解決に向けて─」4月18日。
[75] 経済産業省（2018）「電子タグを用いたサプライチェーン情報共有システムの実験を行います─サプライチェーンに内在する社会課題の解決に向けて─」2月2日。
[76] 経済産業省（2019）「電子タグを用いた情報共有システムの実験を行います─生活者を含むサプライチェーンの連携を通じた社会課題の解決に向けて─」2月28日。

されるようになり，大量に生産されることになれば，5円程度まで価格が下がるといわれているが，1円以下には程遠い。

また，電子タグの利用には，米国に1.5円のRFID特許費用が必要である。そして，99.9％以上の読み取り精度を期待されているが，精度が高いものほど価格は高くなる。近年は，経済がグローバルであることも，なかなか普及しない1つの要因であろう。国内メーカーの商品だけに電子タグを貼りつけても，大きな効果は生まれない。海外メーカーも含めた普及も必要になる。

当面は，商品にこれまで通り，バーコードで，そして商品を運ぶケース（スマートボックス）に電子タグを貼りつける形で普及が進むと考えられる。それでも物流や在庫管理などでは，大きな効果は望めるだろう。

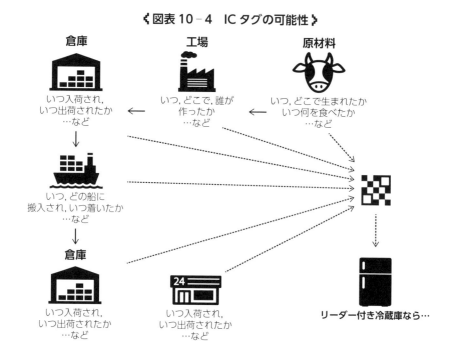

《図表10-4 ICタグの可能性》

しかし，商品バーコードの代わりに電子タグを変更することは，利用の仕方しだいで消費者への恩恵も大きいといわれている。原材料から，加工，物流，倉庫など，購入した商品のトレーサビリティを明確にすることで，消費者に安全・安心とともに届けることができる。**図表10-4**に示す。

バーコードは，国・企業・商品の3つのコードからなっている。しかし，電子タグはそれ以外の情報も記録することができる。将来的な可能性としては原材料から流通過程，消費期限などのさまざまな情報を記録することが可能である。また冷蔵庫に電子タグリーダーが取りつけてあれば，読み取ることもできる。たとえば，事故により，特定の商品回収が起きた場合でも，冷蔵庫がそれらを発見し，消費者に教えることも可能である。

もちろん電子タグに，どのようなフォーマットで，どのようなデータを記録するかということなどは，標準化作業で決められる。標準化の動向については，流通システム開発センターのサイトをご覧いただきたい[77]。

電子タグを利用したSCMは，これまでのSCMを大きく変える。電子タグに記録された情報から，これまでにはない活用方法が見つかるだろう。

---

[77] 流通システム開発センター　EPC/RFID（電子タグ）。
http://www.dsri.jp/standard/epc/

索　引

欧文

ANSI ·· 152

B2B ·································· 139, 147, 148
BPR ·· 79
BTO ··· 13, 117

CII 標準 ·· 153
CIM ·· 141
CPFR ···················· 112, 129, 135, 148
CRM ···················· 40, 79, 90, 93, 112, 138
CSM ·· 105

DC ··· 57, 61

ebXML ·· 154
EC ··· 148
ECR ···························· 79, 112, 129, 138
EDI ················ 40, 51, 129, 132, 137, 148, 152
EDIFACT ······························· 152, 153
EDIINT AS2 ································· 155
EDLP ··· 131
EIAJ ··· 153
EIAJ‐EDI 標準 ······························ 153
EOS ·· 40, 152
ERP ······························· 79, 112, 141
e マーケットプレイス ··············· 139, 147

FC ··· 59
FSP ··· 105

GNX ······································· 139, 148

IC タグ ··· 157
ID-POS 分析 ······················ 103, 104, 107

IETF ·· 155
IMVP ······································ 126, 142
INS（ISDN）回線 ··························· 153
ISO ··· 152
IT ··· 78

JAN コード ···································· 155
JCA 手順 ·· 152
JEDICOS ······································· 155
JEIDA ·· 153
JX 手順 ··· 153

MRP ······································ 112, 140
MRP Ⅱ ·· 141

OASIS ·· 154
OFTP2 プロトコル ························· 155
OR ·· 50

PC ··· 57
PDC ·· 57
POS ·· 40
POS レジ ······································· 129

QR ···························· 112, 127, 129, 132, 138

RDB ·· 134
RFID ··· 157
RFM 分析 ································ 97, 107
RF カード ······································· 157

SCM ························ 13, 40, 50, 65, 78, 90,
                       110, 122, 126, 147, 148
SIS ·· 50
SPA ··· 18

163

TAA	152	協賛金	38
TC	57, 62	行政・商業・運輸のための電子データ交換 (EDIFACT)	152, 153
TRANSORA	139	共配物流	54, 56
UN／CEFACT	153	金融・危険負担機能	29
UN／EDIFACT	154	金融機能	38
VICS	129, 152	経済効果	86
VMI	132	経済的隔離	12, 83, 113
		経済的隔たり	12
Web-EDI	155	契約型システム	72
WWRE	139, 148	限定された合理性	67
		構造化情報標準促進協会 (OASIS)	154

あ

アウトソーシング 57
アローワンス 39

一括物流 54, 57
インターネット技術タスクフォース (IETF) 155

ウォルマート 148

延期 64

オペレーションズ・リサーチ (OR) 50
卸売業者 19, 20
卸売業者の役割 29
卸不要論 30

か

加工・在庫保管型センター (PDC) 57
加工センター (PC) 57
カスタマー・エクイティ 94
間接流通 10
管理型システム 72

企業型システム 72
規模の経済性 44, 86

小売業者 19, 20
小売業者の役割 27
効率的消費者対応 (ECR) 79, 112, 129, 138
顧客価値 110
顧客シェア 86
顧客識別マーケティング (CSM) 105
顧客ポートフォリオ 100
顧客ロイヤルティ 94, 102
国際自動車研究プログラム (IMVP) 126
国際標準化機構 (ISO) 152
個別最適化 45
混載配送 56
コンピュータによる統合生産 (CIM) 141

さ

サード・パーティー・ロジスティクス
　　　　　　　　　　　　　　　　26, 57, 58
サービス財 87
在庫保管型センター (DC) 57, 61
サプライチェーン・マネジメント (SCM)
　　13, 40, 50, 65, 78, 90, 111, 122, 126, 147, 148
三温度帯対応 26
産業財 87

資材所要量計画（MRP） ………… 112, 140
市場シェア ……………………………… 86
謝礼金 …………………………………… 38
需給接合機能 …………………………… 38
受注生産（BTO） ………………… 13, 117
循環型社会 ……………………………… 9
商業者 ……………………………… 19, 20
商的流通（商流） …………………… 14, 38
商物一致 ………………………………… 38
商物分離 ………………………………… 14
情報技術（IT） ………………………… 78
情報機能 ………………………………… 38
情報提供機能 …………………………… 29
情報流通（情流） …………………… 14, 38
商流 ………………………………… 38, 138
情流 ………………………………… 38, 138

垂直的マーケティング・システム …… 72

生産資源計画（MRP Ⅱ） …………… 141
生産と消費のギャップ ………… 12, 29, 112
製造小売（SPA） ……………………… 18
製販同盟 ……………………………… 132
製品のライフサイクル ………… 18, 40, 85
セグメント・マーケティング ………… 104
全銀協 TCP／IP ……………………… 153
全銀協標準通信プロトコル ………… 153
全体最適化 …………………………… 45
セントラルキッチン ……………… 60, 65
専用物流センター …………………… 58
戦略的情報システム（SIS） ………… 50

総代理店 ……………………………… 33
速度の経済性 ………………………… 44

た

代理店・特約店制度 ………………… 33
大量生産 ………………………… 42, 145
大量物流 ……………………………… 46

ダイレクト・モデル ………………… 117
多品種少量生産 ……… 44, 49, 113, 120, 146
多頻度物流 ……………………… 46-48
単品管理 ……………………………… 45

チェリーピッカー …………………… 102
チャネル・コンフリクト ……… 71, 73, 115
チャネル・メンバー ……… 14, 70, 73, 115
チャネル・リーダー ……………… 71, 73, 115
中小企業共通 EDI 標準 ……………… 157
調達販売機能 ………………………… 29
直接流通 ……………………………… 10
直販 ………………………………… 117

通過型センター（TC） …………… 57, 62

データ・ウェアハウス ……………… 134
デシル分析 ………………………… 96, 97
電子商取引（EC） …………………… 148
電子情報技術産業協会（JEITA） …… 153
電子データ交換（EDI）
   …………… 40, 51, 129, 132, 137, 148, 152
電子発注システム（EOS） ……… 40, 152
伝統的マーケティング・システム …… 71

投機 …………………………………… 64
ドミナント出店 ……………………… 60
取引コスト …………………………… 66
取引総数単純化の原則 ……………… 30
トレードオフの関係 ………………… 46
問屋物流 ………………………… 54, 55
問屋不要論 ……………………… 30, 58

な

日本電子機械工業会（EIAJ） ……… 153
日本電子工業振興協会（JEIDA） …… 153

は

バーコード …………………………… 127

80 対 20 の法則 ………………………………… 92
パレート図 ……………………………………… 96
パレートの法則 ………………………………… 97
パワー基盤 …………………………………… 115
汎用物流センター ……………………………… 58

非接触 IC カード ……………………………… 157

ファブレスメーカー …………………………… 83
不確実性プール原理 …………………………… 29
物的流通 (物流) ……………………… 14, 38, 41, 48
物流 …………………………………… 38, 138
物流管理 ……………………………………… 121
物流機能 …………………………………… 29, 38
物流業者 …………………………………… 19, 25
物流センター ………………………………… 65
フランチャイズチェーン ……………………… 73
フリークエント・フライヤーズ・プログラム … 95
ブルウィップ効果 ……………………… 122, 135
フルフィルメントセンター (FC) ……………… 59
プロダクト・アウト ………………………… 121
分業と専門化 …………………………………… 10

米国運輸協会 (TAA) ………………………… 152
米国規格協会 (ANSI) ………………………… 152
ベンダー管理在庫 (VMI) …………………… 132

ポイントカード …………………………… 95, 106
貿易簡易化および電子ビジネスのための
　国連センター (UN／CEFACT) ………… 153
報奨金 ………………………………………… 38

ま

マーケット・イン …………………………… 121
マーケティング・チャネル
　………………………… 8, 14, 32, 70, 114, 115

マーケティング・パラダイム ………………… 88
埋没コスト …………………………………… 66
マイレージサービス …………………………… 95

や

優良顧客 …………………………………… 92, 107

ら

ライフスタイル ……………………………… 103
ラピッドプロトタイピング …………………… 80

リーン生産方式 ……………………… 112, 144, 146
リテール・リンク …………………… 134, 135, 139
リテールサポート ………………………… 30, 45
リベート ………………………………… 38, 115
流通 ……………………………………………… 4
流通 BMS ……………………………… 153, 155
流通 EDI ……………………………………… 153
流通過程 ………………………………………… 5
流通業者 ……………………………………… 19
流通システム ………………………………… 7, 14
流通チャネル …………………………………… 8
流通の機能 …………………………………… 38
流通フロー …………………………………… 14
リレーションシップ・マーケティング
　……………………………………… 85, 87, 96

ロイヤルティ・カード ……………… 95, 103, 104
ロイヤルティ・プログラム ………………… 106
ロジスティクス …………………………… 49, 65
ロジスティクス・マネジメント ……… 121, 122
ロングテール理論 …………………………… 58

わ

割戻金 ………………………………………… 38

【著者紹介】

遠藤　雄一（えんどう・ゆういち）

北海道情報大学経営情報学部准教授，博士（経営学）北海学園大学
1987 年　ソフトウェア・コンサルタント株式会社
2007 年　北海学園大学大学院経営学研究科博士後期課程終了
2008 年　北海道情報大学経営情報学部専任講師を経て現職

〈主要著書〉
『消費者行動とマーケティング・リサーチ』創成社，2025 年
『キーワードからみる経営戦略ハンドブック』（共著）同文舘出版，2023 年
『流通システムとサプライチェーン・マネジメント』同文舘出版，2019 年
『食品産業のイノベーションモデル』（共著），創成社，2016 年
『わかりやすい消費者行動論』（共著），白桃書房，2013 年
『現代マーケティングの理論と応用』（共著），同文舘出版，2009 年
ほか

2019 年 4 月 20 日　初版発行
2024 年 3 月 1 日　初版 5 刷発行
2025 年 2 月 15 日　第 2 版発行　　　　　　　略称：流通 SCM（2）

流通システムとサプライチェーン・マネジメント
（第 2 版）

著　者　Ⓒ　遠　藤　雄　一

発行者　　中　島　豊　彦

発行所　同文舘出版株式会社
東京都千代田区神田神保町 1-41　〒101-0051
営業（03）3294-1801　編集（03）3294-1803
振替 00100-8-42935　https://www.dobunkan.co.jp

Printed in Japan 2025

DTP：マーリンクレイン
印刷・製本：萩原印刷
装丁：オセロ

ISBN978-4-495-64972-2

JCOPY〈出版者著作権管理機構 委託出版物〉
本書の無断複製は著作権法上での例外を除き禁じられています。複製される場合は、そのつど事前に、出版者著作権管理機構（電話 03-5244-5088，FAX 03-5244-5089，e-mail: info@jcopy.or.jp）の許諾を得てください。